Compact & Complete

1冊合格!

知的財産 管理技能検定®

2級・3級

アイピーシー新橋ゼミ

IPC Simbashi Seminar

日本能率協会マネジメントセンター

本書の内容に関するお問い合わせについて

平素は日本能率協会マネジメントセンターの書籍をご利用いただき，ありがとうございます。
弊社では，皆様からのお問い合わせへ適切に対応させていただくため，以下①～④のようにご案内いたしております。

①お問い合わせ前のご案内について

現在刊行している書籍において，すでに判明している追加・訂正情報を，弊社の下記 Web サイトでご案内しておりますのでご確認ください。

http://www.jmam.co.jp/pub/additional/

②ご質問いただく方法について

①をご覧いただきましても解決しなかった場合には，お手数ですが弊社 Web サイトの「お問い合わせフォーム」をご利用ください。ご利用の際はメールアドレスが必要となります。

https://www.jmam.co.jp/inquiry/form.php

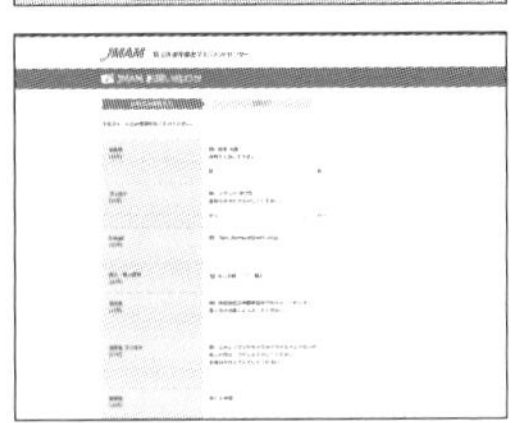

なお，インターネットをご利用ではない場合は，郵便にて下記の宛先までお問い合わせください。電話，FAX でのご質問はお受けいたしておりません。
〈住所〉 〒103-6009 東京都中央区日本橋 2-7-1 東京日本橋タワー 9F
〈宛先〉 ㈱日本能率協会マネジメントセンター 出版事業本部 出版部

③回答について

回答は，ご質問いただいた方法によってご返事申し上げます。ご質問の内容によっては弊社での検証や，さらに外部へお問い合わせすることがございますので，その場合にはお時間をいただきます。

④ご質問の内容について

おそれいりますが，本書の内容に無関係あるいは内容を超えた事柄，お尋ねの際に記述箇所を特定されないもの，読者固有の環境に起因する問題などのご質問にはお答えできません。資格・検定そのものや試験制度等に関する情報は，各運営団体へお問い合わせください。

また，著者･出版社のいずれも，本書のご利用に対して何らかの保証をするものではなく，本書をお使いの結果について責任を負いかねます。予めご了承ください。

はじめに

知的財産管理技能検定® は，2008年に誕生した，特許や商標，著作権などの知的財産権に関する国家試験です。この技能検定に合格した「知的財産管理技能士」は，企業や団体における知的財産の担い手として期待されます。

知的財産に関する国家資格は，特許や商標に関しては弁理士，著作権に関しては弁護士と，非常に高度な一部の有資格者に限られていました。しかし，ニセブランド問題や職務発明，インターネット時代の著作権侵害など，知的財産の知識は一般の人にとっても日増しに身近な問題となってきています。

また，資源の少ない日本の切り札として，これまで培ってきた知的財産を活かしていこうと，政府が「知財立国」を提唱しており，知的財産の知識はより重要なものとなっています。

本書は，過去問の分析から得られた出題傾向をもとに，頻出テーマごとに要点を整理したコンパクトな記述にまとめました。そして要点整理の直後に○×形式の演習問題を設け，知識のインプットとアウトプットを細かく行える構造となっています。これにより，特定のテーマを日常のスキマ時間などの短時間で学習しながらも，知的財産管理技能検定®の２級までに合格できるだけの実力を養えます。

なお，知的財産法は改正が頻繁に行われるため，独学が容易でない法律ですが，本書では令和２年４月時点での最新法改正に対応しております。

最後になりましたが，本書を有効に活用し，知的財産管理技能検定®に合格されることを祈念しております。

2020年５月吉日

アイピーシー新橋ゼミ

CONTENTS

第2章 意匠法

第3章 商標法

第4章 著作権法

第5章 不正競争防止法

第6章 その他の法律

●法令名等の略記について

本書では，条文等の参考情報につきまして，以下のような省略を用いて表記しております。
また，同じ条文を繰り返し案内するなどには，「同」と表記して記述の簡素化を行っている場合もあります。
例）特許法第2条第3項第1号　⇒特2条3項1号
（直後に特許法第2条第3項第2号がある場合　⇒同2号）

略記	法令名
特	特許法
特施行規則	特許法施行規則
実	実用新案法
意	意匠法
商	商標法
著	著作権法
不	不正競争防止法（不競法）

略記	法令名
パリ	パリ条約
PCT	特許協力条約
種	種苗法
独	独占禁止法（独禁法）
関税	関税法
民	民法
弁	弁理士法

本書の効果的な活用法

本書は1つのテーマに対し，まず読み物のテキストを掲載し，続いて一問一答の演習問題群という構造で学べるようになっています。以下を参考にしてうまく活用し，合格に向かって効率よく学習しましょう。

▼テキストページ

重要なキーワードは赤シートで隠して覚えましょう！

本文の補足や注意点などをピックアップ！

赤シートで隠しながら問題を解きましょう！正解が×の問題には，どこが間違っているのか下線があるので要チェック！

いつ学習したかを記録しましょう！

解けたかどうかを□にチェックして復習に活用しましょう！

第32～34回の検定試験において，このテーマがどの回・等級・試験の種類で問われたかを示しています。
③⇒３級　②⇒２級
学⇒学科試験　実⇒実技試験

例）③学33-3
⇒３級／学科試験／第33回／問３

▲演習問題ページ

◀本テーマの出題例

1 ▶ 知的財産とその活用

1　知的財産とは

アイデアやブランドなど，形がなくても非常に価値のある財産を指します。詳しくは序章「知的財産総論」で学習しますが，「著作物」「意匠」「商標」「発明」「考案」など多岐にわたり，その取扱いには適切な対応が求められます。

2　知的財産の活用に向けて

日本は2002年に知的財産を重視する国家戦略を採用しました（政府はこれを「知財立国」と呼んでいます）。この方針には，正しい知識をもって知的財産を日本の権利として確立して活用していこうという意図があります。島国で「物質」資源の少ない日本にとって，このような知的資源は，大変重要なものといえます。

知的財産教育協会（Association of Intellectual Property Education，通称 AIPE）は，従来から，学生・社会人の知財マインドの高揚，研究者（エンジニア）の知財マインドの高揚，知的財産部（法務部）スタッフの能力評価の一指標の創出を目的として，知的財産検定を行っていました。「知的財産」の重要度が高まる中で，この知的財産検定が国家資格である技能検定として認められ，知的財産管理技能検定®となり，この合格者が「知的財産管理技能士」とされることになったのです。

2 ▶ 知的財産管理技能士とは

1　知的財産管理技能士の仕事

「知的財産管理技能士」とは，企業や団体の中にいながら知的財産を適切に管理・活用して，その企業や団体に貢献できる能力を有する人をいいます。

知的財産は，自己が権利を取得すれば大きな武器，重要な資源となります。しかし逆に，他人にとられて使われてしまったり，あるいは他人の知的財産に気づかず使ってしまったりすれば，資源の喪失や訴訟，賠償などのさまざまな不利益を被ることになります。そのため，これらのトラブルを未然に防止する「管理」を専門に行う人が，様々な業種・規模の企業に求められています。

2　知的財産管理技能士の人物像

知的財産管理技能士になるための知的財産管理技能検定® には，管理能力のレベルに合わせ，３つの段階を用意しています。

３級：知的財産分野について，初歩的な管理能力がある人とされています。

２級：知的財産分野全般（特許，商標，著作権等）について，基本的な管理能力がある人とされています。

１級：知的財産分野のうち，特に特許やコンテンツといった特定分野に関する専門的な能力がある人とされています 。

【検定レベルの階層図】

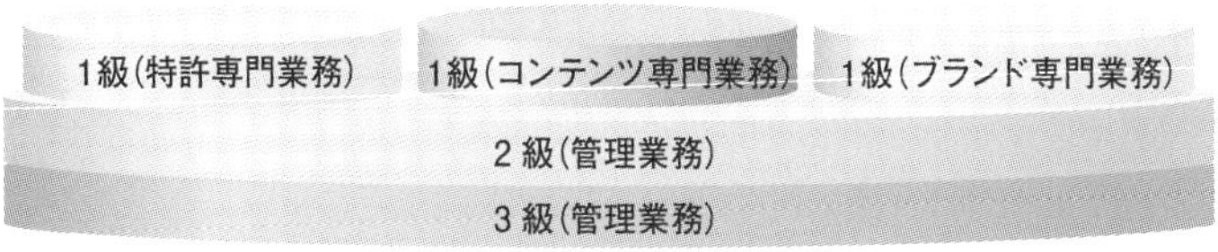

1級(特許専門業務)	1級(コンテンツ専門業務)	1級(ブランド専門業務)
2級(管理業務)		
3級(管理業務)		

3 ▸ 知的財産管理技能検定® の概要

1　各等級の試験概要

前述のように知的財産管理技能検定® には，管理能力の３つの段階があります。以下に簡単な一覧をまとめました。

<table>
<tr><td>等級区分</td><td colspan="5">１級／２級／３級</td></tr>
<tr><td>実施時期</td><td colspan="5">3月／7月／11月</td></tr>
<tr><td rowspan="7">試験種・
試験形式等</td><td>試験種</td><td>試験形式</td><td>問題数</td><td>試験時間</td><td>受検手数料</td></tr>
<tr><td>１級実技</td><td>筆記試験
（記述方式）
＋口頭試問</td><td>５問</td><td>約 30 分</td><td>23,000 円
（非課税）</td></tr>
<tr><td>１級学科</td><td>筆記試験
（マークシート
４肢択一）</td><td>45 問</td><td>100 分</td><td>8,900 円
（非課税）</td></tr>
<tr><td>２級実技</td><td>筆記試験
（記述方式）</td><td>40 問</td><td>60 分</td><td>7,500 円
（非課税）</td></tr>
<tr><td>２級学科</td><td>筆記試験
（マークシート
４肢択一）</td><td>40 問</td><td>60 分</td><td>7,500 円
（非課税）</td></tr>
<tr><td>３級実技</td><td>筆記試験
（記述方式）</td><td>30 問</td><td>45 分</td><td>5,500 円
（非課税）</td></tr>
<tr><td>３級学科</td><td>筆記試験
（マークシート
３肢択一）</td><td>30 問</td><td>45 分</td><td>5,500 円
（非課税）</td></tr>
<tr><td>受検資格</td><td colspan="5">３級：知的財産業務に従事している者，または従事しようとする者
２級：３級技能検定の合格者。ほか，知的財産に関する業務の実務経験や，他の検定合格者等の諸条件いずれかを充たす者
１級：２級技能検定に合格かつ知的財産に関する業務に１年以上の実務経験を有する者。ほか，他の検定合格者等の諸条件いずれかを充たす者</td></tr>
<tr><td>法令基準日</td><td colspan="5">知的財産管理技能検定の解答にあたっては，問題文に特に断りがない場合，試験日の６か月前の月の１日現在で施行されている法令等に基づくものとする。</td></tr>
</table>

4 ▸ 3級について

1　受検資格

３級の受検資格は，知的財産管理技能士を志す者であれば誰でも受検できるようになっています。

2　試験内容と合格基準

検定では「学科試験」と「実技試験」がそれぞれ行われます。いずれも45分の制限時間で30問出題され，正答率７割（21問以上正解）で合格となりますが，３級の知的財産管理技能士となるには，両方に合格することが必要です。どちらか一方だけ合格した場合（一部合格者），その試験から２年度以内であれば，不合格だった試験のみを再受検して合格することで３級の合格者となります。

合格率は両試験とも約60～80％で推移しており，しっかり学習すれば合格は難しくないレベルです。

3　学科試験の概要と対策

知的財産の管理業務に関する内容が，３択の択一式問題の形式で問われます。具体的には３つの選択肢から，適切または不適切なものを１つ選ぶという問題です。

試験範囲は，①ブランド保護，技術保護，コンテンツ保護，デザイン保護，②活用（契約，エンフォースメント），③関連法規か

【平均出題問題数（法域ごと）】

特許法	9問
実用新案法	0～1問
種苗法	1問
意匠法	2～3問
商標法	4～5問
著作権法	7～8問
パリ条約	1問
特許協力条約（PCT）	1問
不正競争防止法	1問
独占禁止法	1～2問
民法	0～1問
弁理士法	1問
合　計	30問

ら出題されます。

出題傾向を各法律から分析すると，近年は特許法（約９問），著作権法（約７～８問），商標法（約４～５問）から約７割出題され，これだけで合格基準に迫ります。この通称「三大法域」をしっかり押さえましょう。

4　実技試験の概要と対策

【平均出題問題数（法域ごと）】

特許法	7～9問
実用新案法	1問
種苗法	1問
意匠法	3問
商標法	5問
著作権法	8～9問
パリ条約	1問
特許協力条約（PCT）	1～2問
不正競争防止法	0～1問
独占禁止法・民法・弁理士法	0問
合　計	30問

実技試験は記述式問題となっています。具体的には「問題文が正しい場合は○，間違っている場合には×を書く」や，「語群から正しいと思うものを選んで書く」といったように，問題文や語群から正誤を考えながら解くという試験です。

実技試験もまた知的財産の管理業務に関する内容で，多くの部分が共通しており，学科試験の学習はそのまま実技試験に役立ちます。

とはいえ実技試験では，学科試験よりも前提条件が細かく設定されていたり，知識をもとに考えて解く問題が多いため，知的財産のルールを，より正しく覚えておく必要があります。幸い実技試験も，特許法（約７～９問），著作権法（約８～９問），商標法（約５問）からの出題が７割近くになりますので，「三大法域」の学習は非常に重要です。

5 ▶ 2級について

1　受検資格

２級の受検資格は３級と異なり，必ず以下のような受検資格が必要になります。

①過去２年以内に３級試験に合格した者であること（３級の一部合格者には受検資格がありません）
②知的財産に関する業務について２年以上の実務経験を有する者
③学校教育法による大学または大学院において検定職種に関する科目について10単位以上を修得した者
④過去２年以内に，サーティファイ著作権検定委員会が実施する「ビジネス著作権検定上級」に合格した者
⑤２級技能検定の一部合格者（学科または実技いずれか一方の試験のみの合格者）

ここでいう実務経験とは，個人の趣味ではなく業務として知的財産の創造・保護・活動のいずれかに係わった経験のことです。また，大学院修了の者の中には学科試験の免除が受けられる場合がありますが，これらについての詳細は知的財産管理技能検定® ホームページ等を確認してください。

2　試験内容と合格基準

３級と同様，「学科試験」と「実技試験」がそれぞれ行われます。いずれも60分の制限時間で40問出題され，正答率８割（32問以上正解）で合格となり，両方に合格することが必要です。どちらか一方だけ合格した場合（一部合格者），その試験から２年度以内であれば，不合格だった試験のみを再受検して合格することで２級の

合格者となります。

3　学科試験の概要と対策

知的財産の管理業務に関する内容が，４択の択一式問題の形式で問われます。具体的には４つの選択肢から，適切または不適切なものを１つ選ぶという問題です。

試験範囲は，①戦略，②管理（法務，リスクマネジメント），③調査，④ブランド保護，技術保護，コンテンツ保護，デザイン保護，⑤活用（契約，エンフォースメント），⑥関連法規から出題されます。

【平均出題問題数（法域ごと）】

特許法	10～12問
実用新案法	0～1問
種苗法	1問
意匠法	2問
商標法	6～7問
著作権法	9～10問
パリ条約	1～2問
特許協力条約（PCT）	1～2問
不正競争防止法	1問
独占禁止法	0～2問
民法	1～2問
弁理士法	1問
その他	2問
合　計	40問

出題傾向を各法律から分析すると，３級と同様に「三大法域」から頻出ですが（特許法約10～12問，著作権法約９～10問，商標法約６～７問），３級よりも合格基準が８割と上がっていることと，３級と異なり知識をもとに考える応用力を問われる問題が増えているため，「三大法域」を中心にしつつも，全体的・横断的に学習をする必要があります。

4　実技試験の概要と対策

３級と同じく記述式問題で形式は同じですが，１問当たりの文章量が増えていたり，設問の前提がより複雑だったりなど，難易度が上昇しています。

試験範囲は，⑥関連法規以外が学科試験と共通です。

難易度の上昇に加え，合格基準が8割に上がっていることもあり，覚えた知識が曖昧なままでは太刀打ちできません。本書の赤字部分や問題演習を繰り返し学習し，ここがポイントの内容も押さえながら応用力を養って試験に備えましょう。

【平均出題問題数（法域ごと）】

特許法	11～14問
実用新案法	0～1問
種苗法	1問
意匠法	2問
商標法	6～7問
著作権法	9～11問
パリ条約	0～2問
特許協力条約（PCT）	2～3問
不正競争防止法	0～1問
独占禁止法	0～1問
民法	1～3問
弁理士法	0～1問
その他	0～1問
合　計	40問

6 ▶ 知的財産管理技能検定® の受検参考情報

本書は制作刊行時点（2020年5月）の情報に基づいて作成しておりますが，検定試験についての出題内容や試験情報は，これまでもたびたび改訂されており，今後も新しいものに更新されることがあるでしょう。そのため，受検に際しては，必ず公式ホームページを確認するようにしてください。

・知的財産管理技能検定® ホームページ
http://www.kentei-info-ip-edu.org/

また，特許庁や文化庁のホームページにも，著作権や知的財産に関する制度の説明があります。さらに勉強を進めたいという方は参考にしてください。

・特許庁ホームページ
https://www.jpo.go.jp/
・文化庁・著作権ホームページ
https://www.bunka.go.jp/seisaku/chosakuken/

知的財産総論

知的財産に関する法規には，様々なものがありますが，それぞれ監督する官庁が異なります。また，法制度は国ごとに異なるため，国をまたいだ包括的な保護も求められています。複雑に関係する各法律の目的と関係性を整理することが，以後の学習を容易にします。

1 知的財産法の種類と目的

重要部分をマスター！

(1) 産業財産権法と著作権法

知的財産管理技能検定® の出題内容は，「知的財産」に関する法律についてである。

「知的財産」とは，アイデアやブランドなど，形がなくても非常に価値のある財産で，形がないことから「無体財産」とも呼ばれる。

「本」や「バッグ」といった形のある物や「現金」など移動できる財産（動産），「土地」や「建物」など移動できない財産（不動産）などの「有体財産」とは区別される。

「本」や「DVD」そのものは有体財産である動産になるが，「本に書かれた内容」や「DVD に入っている映像・音楽」は著作物という無体財産（知的財産）になる。

「有名ブランドのバッグ」であれば，バッグそのものは動産であるが，バッグに付された「ブランドのマーク」は「商標」という知的財産である。バッグのデザインは「意匠」という知的財産でもあり，「バッグの新しい製造方法や装置」といった技術的なアイデアは「発明」「考案」という知的財産に該当する。

ここがポイント！

> 本やバッグを盗まれると動産の財産権の侵害になりますが，著作物やブランドが盗まれたことにはなりません。つまり，これら知的財産が侵害されたかは別の基準で判断する必要があるので，知的財産に関する法律が設けられているわけです。

(2) 知的財産とその監督官庁

法律は，それぞれの監督官庁によって管理されている。したがって，監督官庁を見れば，関係性が分かりやすい。

① 監督官庁：経済産業省

・産業財産権法＝特許庁（経済産業省の外局）

特許法：発明の保護（特許権）

実用新案法：考案の保護（実用新案権）

意匠法：意匠の創作の保護（意匠権）

商標法：商標の保護（商標権）

・不正競争防止法：不正競争の防止＝経済産業省

② 監督官庁：文部科学省

・著作権法：著作物，実演等の保護（著作権）

＝文化庁（文部科学省の外局）

③ 監督官庁：農林水産省

・種苗法：植物新品種の創作の保護（育成者権）＝農林水産省

・地理的表示法：地理的表示（GI）の不正使用の防止

＝農林水産省

④ 監督官庁：法務省

・会社法：商号の保護（商号権）＝法務局（法務省の地方支分部局）

⑶ 創作法と標識法

知的財産に関する法律は，様々な創作を保護する創作法と，創作ではない標識を保護する標識法とに分けられる。

① 創作法

特許法（発明）・実用新案法（考案）・意匠法（意匠の創作）

著作権法（著作物，実演等）

種苗法（植物新品種の創作）

不正競争防止法（営業秘密など）

② 標識法

商標法（商標）

不正競争防止法（商品等表示など）

地理的表示法（地理的表示）

会社法（商号）

ここがポイント!

> 不正競争防止法は，産業財産権法を補完する法律として，創作法と標識法の両方の面を有しています。

③ 周辺法

知的財産に関する契約に関連して民法や独占禁止法，特許庁への登録に関する代理資格を持つ弁理士に関連して弁理士法，通関手続における知的財産権行使（エンフォースメント）に関連して関税法などが周辺法として出題される。

(4) 各法の法目的

① 特許法の法目的

発明の保護および利用を図ることにより，発明を奨励し，もって産業の発達に寄与することである（特１条）。

② 著作権法の法目的

著作物ならびに実演，レコード，放送および有線放送に関し著作者の権利およびこれに隣接する権利を定め，これらの文化的所産の公正な利用に留意しつつ，著作者等の権利の保護を図り，もって文化の発展に寄与することである（著１条）。

③ 商標法の法目的

商標を保護することにより，商標の使用をする者の業務上の信用の維持を図り，もって産業の発達に寄与し，あわせて需要者の利益を保護することである（商１条）。

演習問題にチャレンジ!

1回目	月　日	2回目	月　日	3回目	月　日

▶ 本テーマの出題例

③学 33-3　③実 33-28・29

選択肢を○×で答えてみよう！

解答	選択肢
× □□□	産業財産権には，特許権，実用新案権，著作権，商標権の四つの権利が含まれる。
× □□□	知的財産を保護する法律を管轄するのは，経済産業省と文部科学省だけである。
× □□□	会社法では，会社の名称は，商号に該当し，特許庁に登記される。
× □□□	不正競争防止法では，創作物を保護することはできないので，特許権などの権利を取得しなければならない。
○ □□□	特許法と著作権法はそれぞれ発明，著作物という創作を保護する法律で共通する。
× □□□	特許法も商標法も，著作権法もすべて，産業の発達に寄与することを目的とする。

2 知的財産の国際的保護

重要部分をマスター!

(1) 条約の存在意義

知的財産法は各国でそれぞれ規定されているので，経済のグローバル化に伴い，各国に知的財産の保護強化や保護のための法制度を整備していく必要があった。古く19世紀から，産業財産権についてはパリ条約，著作権についてはベルヌ条約がその役割を担った。その後，特に特許保護のための国際的な取得手続については，1978年発効の特許協力条約（PCT）で一部共通化が図られた。

さらに近年では，実効的な知的財産保護の国際ルールの不在により，偽ブランド商品や海賊版CDなど 国際貿易に甚大な被害を及ぼすケースが増大していたため，知的財産権の権利行使手続の整備を加盟各国に義務づけるTRIPs協定が，世界貿易機関（WTO）の設立協定の附属書として1995年から発効している。

また，出願人の負担を軽くすることを狙いとして，各国で異なる国内での特許出願手続を最低限に統一して簡素化し，2000年に採択された特許法条約（PLT）は，我が国では2016年に発効している。

他にも，商標の国際登録を行うマドリッド協定議定書（プロトコル），意匠の国際登録を行うジュネーブ改正協定が発効している。

(2) さらなる保護強化

TRIPs協定は，知的財産権に関する既存の特許や，著作権に関する条約（パリ条約，ベルヌ条約等）の遵守を義務づけた上で，さらなる保護の強化を規定したパリプラスアプローチ・ベルヌプラスアプローチを採用する。

そして，知的財産権行使（エンフォースメント）に関する規定を創設し，協定に違反した場合，各国はWTOの中の紛争解決機関に提訴し，違反措置の是正を求めることが可能となっている。

演習問題にチャレンジ!

1回目	月　日	2回目	月　日	3回目	月　日

本テーマの出題例

③学 34-27　③学 33-6

②実 34-37　②実 32-35・36

選択肢を○×で答えてみよう！

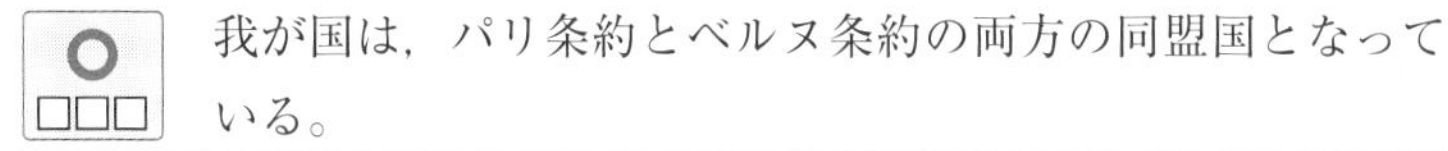

○ □□□ 我が国は，パリ条約とベルヌ条約の両方の同盟国となっている。

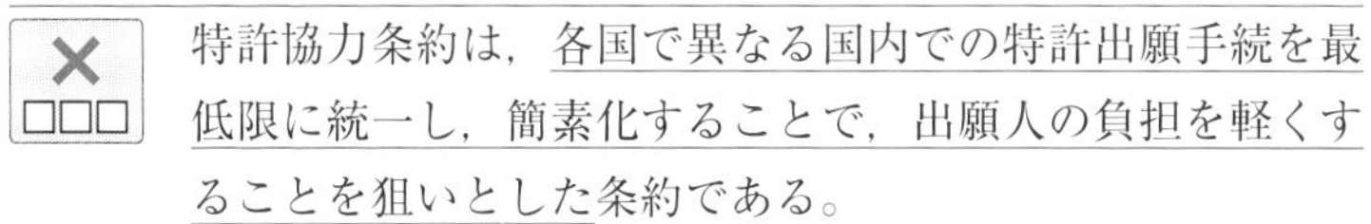

× □□□ 特許協力条約は，各国で異なる国内での特許出願手続を最低限に統一し，簡素化することで，出願人の負担を軽くすることを狙いとした条約である。

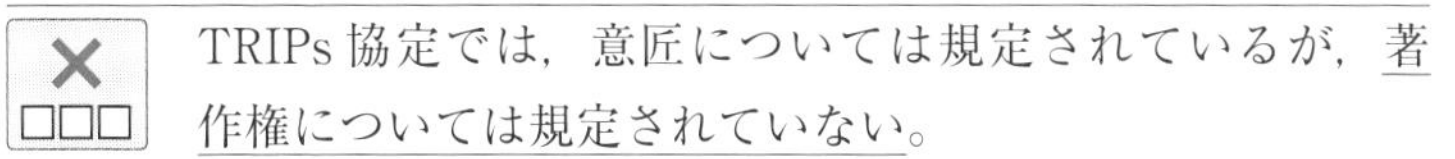

× □□□ TRIPs 協定では，意匠については規定されているが，著作権については規定されていない。

○ □□□ TRIPs 協定では，知的所有権に関する紛争解決手続について規定されている。

○ □□□ TRIPs 協定に違反すると，WTO の中の紛争解決機関に提訴され，違反措置の是正を求められることがある。

第1章

特許法・実用新案法

まずは，技術的なアイデアである発明および考案について権利化して保護する特許法と実用新案法について学んでいきます。特許法は，産業財産権四法の基本となる法律であり，これと対比して意匠法や商標法を学習すると効率的です。また，文化の保護が目的である著作権法との相違点を中心に進めることで理解しやすくなります。

1 技術を保護する法律

重要部分をマスター！

(1) 特許法の法目的

特許法は，新規・技術的なアイデア（発明）を特許として登録して保護するとともに，利用を促進させて次のアイデアを生み出し，産業の発達に寄与しようとする法律である（特１条）。

特許法の存在により，発明は保護され，特許権者が独占的に実施できるため，権利者はこの特許権をもとに，自身で事業を行ったり，希望する者にライセンスを締結したり（ときには権利自体を売買）して，利益を得て，この対価をもとにさらなる技術開発へと投資を進めるというサイクルが完成する（知的創造サイクル）。

【特許庁の提示する知的創造サイクル】

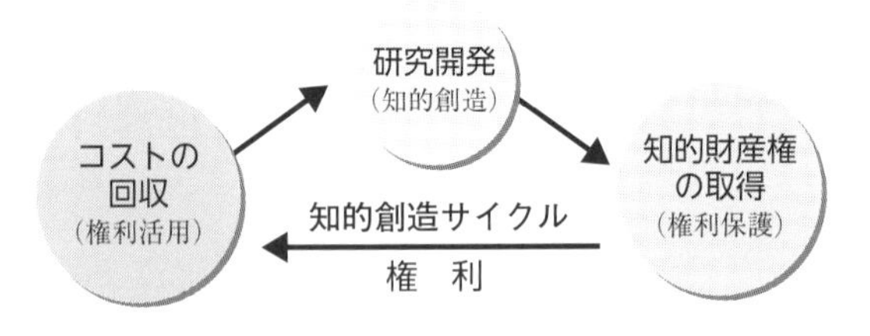

仮に特許法がなければ，アイデアを真似されることを恐れて発明を公表することをせず，すべて自社だけの秘密にすることになる。そうして新技術がすべて秘密にされるようになると，あらゆる分野の技術について各自が独自に開発を進めなければならず，技術の進展はなかなか進まない。また，仮に自社で実施してもすぐに真似されるのでは研究開発費など投資した資金や労力が回収できず，赤字となってせっかくの技術力を持った企業が倒産してしまいかねない。そうなれば，誰も新しい研究開発に投資しようとしなくなってしまうため，国際競争力が大幅に低下してしまうこととなる。

特許法はこのような事態を招かないように，特許庁に登録されている発明に独占排他権を与えて，安心して発明できるようにするとともに，登録された発明を広く公開して利用できるようにし，それをもとにした新たな研究開発を促している。

(2) 他の法律による技術の保護

① 実用新案法

大したことない技術に強力な独占排他権である特許権を与えると，かえって産業の発達を阻害するため，しっかりとした審査が必要になるが，そうするとどうしても権利付与に時間がかかってしまう。そのため，比較的審査が容易な物品の形状に関するアイデアに限定して，期間の短い独占権を付与する代わりに，審査を容易にして早期に権利付与を図る実用新案権を用意して対処している。

② 不正競争防止法

特許権は強力な権利であるが，有期の権利であるため，最終的には技術が広く開放される。したがって，コーラの原液など化学的な配合比率を行うような事業を行っても，他者に真似されるリスクの低い技術については，特許出願することなく，営業秘密として管理し不正競争防止法で保護する方法が採られることもある。

演習問題にチャレンジ！

1回目	月　日	2回目	月　日	3回目	月　日

▶ 本テーマの出題例

③学 33-3

選択肢を○×で答えてみよう！

○ □□□ 特許法は，特許権という独占権の付与を受けられることで事業を独占し易くなり，大きなメリットがある。

○ □□□ 特許権を受けるうえで，技術内容を公開しなければならない点，また独占期間も有限である点に留意する必要がある。

2 特許要件①

重要部分をマスター!

(1) 保護対象としての発明

特許として保護されるためには「発明」でなければならない。

⇒自然法則を利用した技術的思想の創作のうち高度のもの（特2条1項）

① 自然法則の利用

万有引力の法則やエネルギー保存の法則といった自然界における法則で，これを利用したものであることが必要である。

ここがポイント!

「利用したもの」であることが必要で，自然法則そのものは該当しません。

〈該当しないもの〉

計算方法や社内の管理規程，コンピュータ言語など自然法則とは無関係の人為的な取決め，永久機関のような自然法則に反するもの。

ビジネスモデル特許は，ビジネス手法（ポイントサービスなど）は人為的な取決めにすぎないが，コンピュータを利用して実現できるようになれば，自然法則を利用していると認められる場合もある（インターネットにおけるポイントサービス実現のサーバなど）。

② 技術的思想

技術とは問題を解決するための手段であり，知識として第三者に伝達できる客観性が必要である。「野球のフォークボールの握り方」や「熟練工のプレス技術」，「美術作品」など個人の熟練により到達するものは，技術的思想には該当しない。

③ 創作性

創作とは，人工的に新しいものを作り出すことをいい，天然物や単なる発見では創作には該当しない。ただし，天然物から人為的に分離した化学物質や微生物などは該当する。

(2) 産業上利用可能性

特許法の目的は，産業の発達に寄与することであり，単なる学問上の発明ではこれを達成することができないため，産業上利用可能性が要求されている（特29条1項柱書）。

〈産業上利用できない発明〉

①医療行為：人間を手術・治療・診断する方法

⇒人道上広く開放されるべき（方法であって物は該当しない）

②明らかに実施できないもの

例）「オゾン層減少による紫外線増加を防ぐため，地球全体を紫外線吸収フィルムで覆う方法」といった非現実的なもの

③学術的・実験的にのみ利用されるもの

(3) 新規性

新規なもの（公知でないもの）でなければならない（特29条1項各号）。新規でない技術に独占排他権が与えられてしまうと，社会にとって何ら有益でないばかりか，既存技術を独占させ，かえって害を与えることになるため。

新規性の判断は「出願時」を基準として，この時点よりも前に知られていないかが判断される。

ここがポイント!

基準は「日」ではなく「時」なので，午前中に公表して午後に出願した場合は新規性がないこととなります。

新規性は，単に知られただけでなく，実際に実施されたり（公用），刊行物に記載されたりして（刊行物公知），閲覧できる状態にあっただけで失う（実際に閲覧されたか否かではない）。

ただし，公知となった場合でも，以下の場合には，公知となった日から1年以内に出願人が一定の手続をとることによって保護を受けられる例外規定がある（特30条）。

①特許を受ける権利を有する者の意に反して新規性を喪失した場合
②特許を受ける権利を有する者の行為に起因して新規性を喪失した場合（公報掲載による場合を除く）

ここがポイント！

②については，出願と同時に例外規定の適用を受ける旨を記載した書面を特許庁長官に提出し，証明する書面を原則として出願日から30日以内に提出する必要があります。

(4) 進歩性

単に新規なだけでなく，従来になかった技術だとしても，単なる設計変更や一部を置き換えただけの誰でも思いつく程度の発明を20年も独占させることは適当ではないので，進歩性が要求される（特29条2項）。

進歩性の有無の判断は，当業者が容易に考え出すことができたか否かが基準となり，当業者とは，その発明の技術分野において，通常の知識を有する者であって，最高レベルの技術者ではない。たとえ思いつき程度でも特許になり得る。

(5) 29条の2（準公知・拡大先願）

出願の審査には長い期間がかかるため，特許法には出願された発明が出願日から1年6ヶ月を経過すると，出願取下げがされない限り一律に公開される出願公開の制度がある（特64条）。

出願書類に記載がある技術は後に公開され公知となるため，現在公知となっていなくとも特許を受けることはできない（特29条の2）。

⇒権利化するつもりはなくても，他人の権利化は阻止したいという技術について利用されることが多い

演習問題にチャレンジ!

1回目	月　日	2回目	月　日	3回目	月　日

本テーマの出題例

③実34-1〜6 ③実34-23 ③学33-20·21 ③実33-1〜4 ③実33-22 ③学32-12
③学32-28 ③実32-1〜4
②学34-28 ②実34-1〜4 ②実33-28 ②学32-19

選択肢を○×で答えてみよう！

解答	問題
× □□□	プロサッカー選手によるフリーキックでカーブをかける方法は特許を受けることができる。
× □□□	特許法における「発明」の定義は，自然法則を利用した技能の創作のうち，高度なものであることである。
○ □□□	ガンの治療薬は特許を受けることができるが，これまでにない有用な人間のガンの治療方法については，特許を受けることができない。
○ □□□	特許出願前に外国においてのみ公然知られた発明は，新規性を喪失した発明である。
○ □□□	特許を受ける権利を有する者の意に反して公知となった発明であっても，その発明が公知となった日から1年以内に特許出願をした場合には，特許される場合がある。
× □□□	スマートフォンの開発者が，雑誌で見たパソコン技術を取り込んだ新たなスマートフォンを開発した。このスマートフォンが一般の人にとって考え出すことが困難であると考えられる程度であれば，進歩性の要件を満たす。

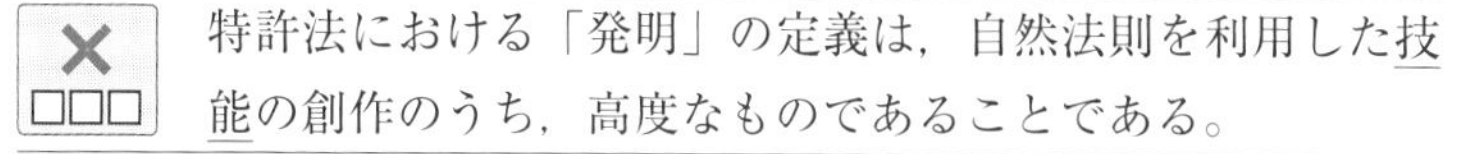

2 特許要件②

重要部分をマスター!

(6) 先願

① 先願主義と先発明主義

複数の者が同じ発明を完成させることがあるが，両者に特許を認めて重複した特許権を発生させてしまうと，どちらが発明を実施できるのか判断が困難となる。特許法は先に発明をした者に特許を付与する先発明主義ではなく，先に特許出願をした者に特許を付与する先願主義を採用している（特39条）。

ここがポイント!

> 先に出願したという事実が判断しやすいので，先願主義を採用する国が大半ですが，アメリカは先発明主義を採用しています。
>
> このため企業の知財部では，アメリカでの特許取得を視野に入れている場合，発明時点を明確にするため，実験ノートをとることが一般に行われています。

② 同日出願の取扱い

同一発明について同日に複数の出願があったときは，協議で定めた一の出願人のみが特許を受けることができるが，協議不成立のときは，いずれも受けることができない（特39条2項）。

なお，先後願の判断は，実用新案登録出願との間でも行われるが，意匠登録出願との間では行われない。

(7) 公序良俗違反

公序良俗違反や公衆衛生を害するおそれがある発明は，社会一般の利益を損なうため特許を受けることができない（特32条）。

演習問題にチャレンジ!

1回目	月 日	2回目	月 日	3回目	月 日

本テーマの出題例

③学 34-21　③実 34-3・4　③学 32-12　③実 32-5・6
②実 34-5・6　②学 33-4

選択肢を◯×で答えてみよう！

×
先願主義とは，同一の発明について異なった日に２以上の特許出願があったときに，最先の発明者のみがその発明について特許を受けることができることをいう。

○
同一の発明について同日に２以上の特許出願があった場合には，協議をして１の出願人を決めなければならない。

×
特許出願に係る発明と意匠登録出願に係る創作とが同一である場合において，その特許出願及び意匠登録出願が異なった日にされたものであるときは，特許出願人は，意匠登録出願人より先に出願をした場合にのみ，その発明について特許を受けることができる。

×
同一の発明について，同日に２以上の特許出願があった場合，特許庁長官が行う「くじ」により選ばれた特許出願人が特許を受けることができる。

○
発明が産業上利用可能性や新規性，進歩性の要件を満たしているものであっても，公序良俗に反するものであるときは特許を受けられない。

3 発明者と出願人

重要部分をマスター!

⑴ 発明者と特許を受ける権利

① 特許を受ける権利の発生

発明者は，発明の完成と同時に特許を受ける権利を有する。この権利は，特許庁に対して特許権の付与を請求する権利であり，他人に譲渡することもできる。そのため，特許を受けられる主体的要件は，発明者および特許を受ける権利の承継人となる（特29条1項柱書）。

② 発明者の認定

発明は人の創作活動によって行われる事実行為であるため，未成年者であっても発明者となることができる。一方で，会社等の法人は発明者となることができないが，発明者から特許を受ける権利を承継することにより，出願人となることができる。企業などの研究チームにおいて複数の者が関与して完成させた発明は，チーム自体や会社が発明者となることはできず，発明について中心的役割を果たした者が発明者となる。複数存在するときは後述の共同発明となり，特許を受ける権利を共有する。

単なる助言をしただけの者や，管理者，指示に従いデータをまとめただけの補助や，資金提供をしただけの後援者などは該当しない。

⑵ 共同発明

複数の者が共同で発明をしたときは，共同発明となる。特許を受ける権利は発明者全員の共有となり，他の共有者と共同で出願しなければならない（特38条）。

また，他の共有者の同意を得なければ，自己の持分を譲渡することはできない（特33条3項）。

⑶ 職務発明

会社の従業者が職務として行った発明は職務発明に該当し，会社側の貢献を考慮して，特別な規定が存在する（特35条）。

① 職務発明の要件（特35条1項）

・従業者等がした発明であること
⇒雇用関係に限られず，公務員や法人の役員なども含む
・従業者等がした発明が，その性質上，その使用者等の業務範囲に属すること
⇒会社の定款に記載された業務だけでなく，現在の事業や将来の予定も含む
・その発明をするに至った行為が，その使用者等における従業者等の現在または過去の職務に属すること
⇒趣味でした発明は該当しないが，過去の職務も含むため現在研究職でなくても職務に該当する場合がある。ただし，会社を退職した後にした発明は，完成していた発明を秘匿して退職したような場合を除き該当しない

② 職務発明の効果

ア 使用者（会社）側

あらかじめ会社に特許を受ける権利や特許権を承継させること，専用実施権を設定することを定めた契約をしておくことにより，発明の完成と同時に独占排他権を有することができる（特35条2項）。

また，事前の契約等がなくても，法定の通常実施権を取得する（特35条1項）。

イ 従業者側

事前の契約や勤務規則等により，職務発明について特許を受ける権利や特許権を使用者に譲渡したり，使用者に専用実施権を設定したりしたときは，相当の対価の支払いを受ける権利を有する（特35条3項）。

法定の通常実施権については，相当の対価の請求ができない。

③ 職務発明に該当しない場合

使用者は，職務発明以外の発明について事前に特許を受ける権利を承継させるような契約を締結しても無効となる（特35条2項）。

発明完成後に改めて契約交渉をしなければならないが，事前契約に優先交渉条項を入れることは可能と解されており，実務上行われている。

演習問題にチャレンジ！

1回目	月 日	2回目	月 日	3回目	月 日

本テーマの出題例

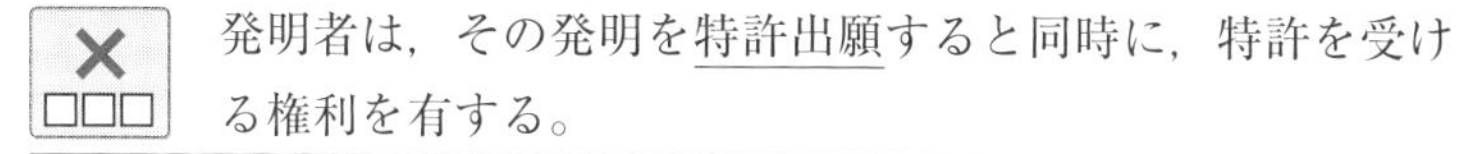

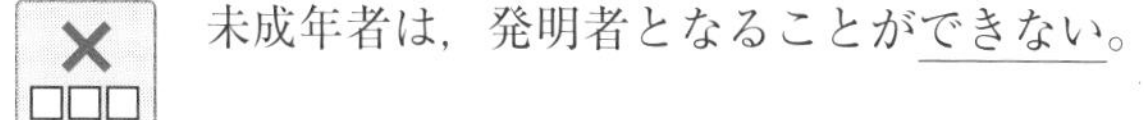

選択肢を○×で答えてみよう！

× □□□ 発明者は，その発明を特許出願すると同時に，特許を受ける権利を有する。

× □□□ 未成年者は，発明者となることができない。

× □□□ 特許を受ける権利の承継人は，発明者と共同で特許出願しなければならない。

○ □□□ 資金提供をしただけの企業であっても，発明者から特許を受ける権利を承継することにより，特許出願をすることができる。

○ □□□ 会社内での以前の部署の職務に属する発明を，新しい部署で完成させた場合でも，職務発明に該当する。

○ □□□ 会社の従業者が職務発明を完成させたときは，その特許を受ける権利が従業者ではなく会社に帰属する場合がある。

4 出願後の手続の流れ①

重要部分をマスター!

(1) 出願書類

特許出願には，次の書類の提出と，出願手数料の納付が必要。

①願書：出願人の名前・住所等の書誌的事項を記載

②明細書：発明の名称や図面の簡単な説明，発明の詳細な説明を記載

⇒「発明の詳細な説明」：当業者がその実施をすることができる程度に明確かつ十分に記載しなければならない（特36条4項1号）。また，発明に関して出願人が知っている文献公知発明があれば，先行技術文献情報（掲載された刊行物の名称等の情報）の所在を記載する必要がある（同2号）

③特許請求の範囲：特許を受けたい範囲を記載するもので，この記載に基づいて特許権の範囲を定める。

なお，複数の発明であっても，それらの発明が技術的に密接な関係を持つときには1つの出願の特許請求の範囲に記載できる（特37条，発明の単一性）。

④図面：発明の説明を容易にするため必要な場合に添付

ここがポイント!

図面は特許出願において必須の書類ではありませんが，保護対象が物品の形状等に限られる実用新案登録出願においては，必須書類となっています。

⑤要約書：調査の際に検索が容易となり，発明の概念が理解できるようにするための書類

(2) 出願審査請求と出願公開

① 方式審査と実体審査

特許出願をすると，すべての出願について書類の不備のチェック

をする方式審査が行われる。願書や明細書の様式に不備があると，特許庁から補正命令が下される。この段階では，新規性などの特許要件を備えているかの実体的な判断である実体審査は行われない。

② 出願審査請求

特許庁に実体審査をしてもらうためには，特許出願をした上で，さらに出願審査の請求をしなければならない（特48条の3）。先願主義により権利化の有無と無関係で出願されるため，真に必要なものを選択させて審査の軽減を図っているためである。

出願審査の請求は，原則として出願日から３年以内にしなければならない（出願と同時でも可）。

出願審査請求は誰でも行うことができるが，一度した出願審査請求は取り下げることができない。出願日から３年を経過しても出願審査請求がされなかったときは，その出願が取り下げられたものとみなされる。

出願審査の請求には，出願料とは別途審査請求手数料の納付が必要となる。

③ 早期審査・優先審査

実体審査は，原則出願審査請求の順に行われるが，出願人自身が出願に係る発明を実施している等の一定の場合には，早期に審査を受けることができる運用がされており，事情説明書の提出を受けて特許庁が判断する。出願に係る発明が他人に無断で実施されているときは，優先審査が受けられ（特48条の6），要件を満たせば必ず優先的に審査がされる。

④ 出願の公開

特許出願がされると，重複研究を防ぐ等の理由から，原則として出願日から１年６ヶ月を経過した後に，審査状況と無関係に，出願の内容が公開される（特64条）。

出願日から1年6ヶ月を経過する前であっても，出願人が特許庁長官に対して，出願公開の請求をすることにより，より早く公開することができる（特64条の2）。

出願審査請求と異なり，出願公開請求は出願人のみができる。また，一度した請求は取り下げることができない。

⑤ 補償金請求権

出願内容が公開されても，特許権が付与されているわけではないため，第三者が実施した場合でも，出願人はこれを差し止めることはできない。そこで，特許権の設定登録がされる前であっても，出願公開がなされた後にこの発明を業として実施した者に対しては，警告をして，なおも実施している者に対しては補償金請求権を発生させている（特65条1項）。

ただし，補償金請求権の行使は，特許権設定登録の後でなければならない（同2項）。

(3) 期間の計算

特許法を始めとする産業財産権の手続の期間の計算においては，原則として期間の初日は算入されない（特3条1項1号）。午前零時より始まるときは例外として算入される。

また，期間を定めるのに月（または年）をもってしたときは，暦に従い，月（年）の初めから期間を起算しないときは，その期間は最後の月（年）においてその起算日に応答する日の前日に満了する（同2号）。ただし，最後の月に応答する日がないときは，その月の末日に満了する（例えば，30日が応答日の場合，閏年でない2月だと28日で満了する）。

さらに，特許出願や産業財産権に関する手続についての期間の末日が，法律上の休日に当たるときは，その日の翌日をもってその期間の末日とされる（特3条2項）。つまり，最終日が日曜日であれば翌日の月曜日が末日となる。これらの方式が適用されるのは，手続に関しての期間だけで，特許権の存続期間のように手続に関しない期間については，曜日に関係なく末日を迎えることとなる。

演習問題にチャレンジ!

1回目	月　日	2回目	月　日	3回目	月　日

本テーマの出題例

③学 34-2　③学 34-16　③実 34-27　③学 33-9　③学 33-24
②学 34-4　②学 34-7　②実 34-34　②学 33-32　②学 32-24

選択肢を○×で答えてみよう!

解答	問題
× □□□	明細書には，最先端のエンジニアがその発明を実施できる程度に記載しなければならない。
× □□□	特許出願する際には，願書に明細書，特許請求の範囲，図面，要約書を添付しなければならない。
× □□□	特許出願は，所定の方式を満たすか否かという方式審査を経たものは，出願順に特許要件を満たすか否かの実体審査に付される。
× □□□	出願審査請求も出願公開の請求も，何人でも行うことができる。
○ □□□	特許出願の日から，1年6月を経過する前に出願公開される場合がある。
○ □□□	出願公開された特許出願には，補償金請求権が発生するが，特許権が発生する前の他人の模倣行為に対して差止請求をすることはできない。
○ □□□	2017年7月10日（月）になされた特許出願について，出願審査請求をすることができる最終日は，2020年7月10（金）である。

4 出願後の手続の流れ②

重要部分をマスター!

(4) 特許査定と拒絶査定

① 特許査定

出願審査請求により，特許庁の審査官による実体審査が開始される（特48条の2）。審査官は出願された発明を見て，先願や公知技術を調査して，特許要件を満たしているか判断をする。

審査の結果，拒絶理由（特49条各号）がなければ，特許査定がされ，特許査定がされたことを出願人に通知する書類である特許査定の謄本（とうほん）が出願人に送達される。出願人が特許料を納付すると，特許権の設定登録がされ，特許公報に掲載される。

② 拒絶理由の通知と拒絶査定

審査官が，拒絶理由があると判断すれば，拒絶の査定をする前に，出願人に拒絶理由の通知がされる（特50条）。

これに対し，意見書を提出して審査官に反論したり，審査官の意見を受け入れて手続補正書を提出したりすれば，拒絶理由を解消できる。

審査官が拒絶理由について解消されたと判断すれば，特許査定がなされ，なおも拒絶理由が解消されていないと判断すれば，再度の拒絶理由通知がされるか，または拒絶査定が出されて審査は終了する。

拒絶査定に不服があるときは，拒絶査定不服審判を請求し，審判手続に入る。

③ 補正

出願した内容に不備があれば，一定の条件の下で，出願人が手続補正書を提出することにより，明細書等の内容を修正する補正ができる（特17条の2等）。

補正は，拒絶理由通知への応対だけでなく，出願後に自発的にすることもできる。

補正内容は，出願時に遡って効力が生じる（**遡及効**）。そのため，先願主義の観点から，補正の時期や内容については一定の制限が設けられている（特17条の2第3項）。特許請求の範囲や明細書，図面に**新規事項**を追加する補正はできない。

最初の拒絶理由通知がされたときは，この要件に加えて，補正の前後で発明の単一性を満たしている必要があり（同4項），さらに最初の拒絶理由通知に対する補正によって，新たな拒絶理由のみが発生したときは，ふたたび拒絶理由通知がなされ（これを最後の拒絶理由通知と呼ぶ），請求項の削除など限定的な補正しかできない（同5項）。

ここがポイント!

> 要約書については，権利内容に関係しない書類であるため，原則として出願日から1年4ヶ月以内であれば補正できます。

④　出願の分割

発明の単一性を満たしていれば，1つの出願に複数の発明を含めることができるが，これに違反するとの拒絶理由通知を受けた場合には，出願の分割をすることで拒絶理由の解消ができる（特44条）。分割によって，拒絶理由に該当する部分のみを切り離すことにより，他の部分について早期に特許を受けることもできる。

⑤　出願の変更

一定条件の下で，特許出願を実用新案登録出願や意匠登録出願に出願変更することもできる（実10条，意13条）。

ここがポイント!

> 同じ創作法であることによるもので，標識法である商標法における商標登録出願に変更することはできません。

(5) 特許料

① 特許料の納付

特許査定後，特許査定の謄本送達日から原則として30日以内に，最初の3年分の特許料を納付すると，特許権の設定登録がされる（特66条，108条1項）。この期限を徒過した場合でも，一定の場合には納付が認められる（特108条4項）。

納付した年分以上に特許権を維持するためには，それ以降の特許料（年金）を納付しなければならず，その納付期限は，前年までとなる（特108条2項）。納付期限が決まっているだけで，出願人は，何年分でもまとめて納付することができる。

特許料は，利害関係人が支払うこともできる（特110条）。

② 特許料の減免猶予

最初の特許料の納付期限は，特許料を納付すべき者の請求により，30日以内に限り延長することができる（特108条3項）。さらに，特許庁長官は遠隔・交通不便の地にある者のため，請求・職権で，延長することができる（特4条）。

また，資力に乏しい一定の者については減免，上記延長期間に加えて最大で10年の猶予が認められる（特109条）。さらに猶予期間を超えても，満了日から6ヶ月以内は消滅せずに存続し，この期間内に割増料を加算して2倍の特許料を追納すれば特許権は存続する（特112条）。追納できなかったとしても正当な理由があれば，その理由がなくなった日から2ヶ月以内で，期間経過後1年以内に限り，割増料を加算して2倍の特許料を納付すれば特許権は回復する（特112条の2）。

演習問題にチャレンジ!

1回目	月　日	2回目	月　日	3回目	月　日

本テーマの出題例

③学34-2 ③学34-24 ③実34-5･6 ③学33-17 ③実33-1〜7 ③実32-27
②学34-4 ②学34-7 ②学34-13 ②学34-16 ②学34-19 ②学33-4 ②学33-28
②学33-34 ②学32-1 ②学32-7 ②実32-5･6

選択肢を◯×で答えてみよう！

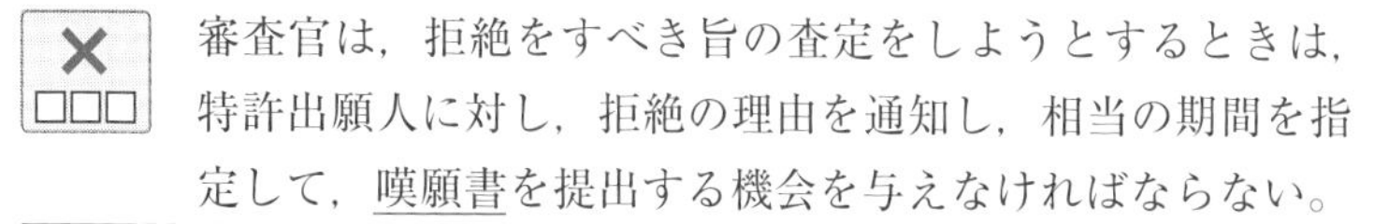

× □□□ 審査官は，拒絶をすべき旨の査定をしようとするときは，特許出願人に対し，拒絶の理由を通知し，相当の期間を指定して，嘆願書を提出する機会を与えなければならない。

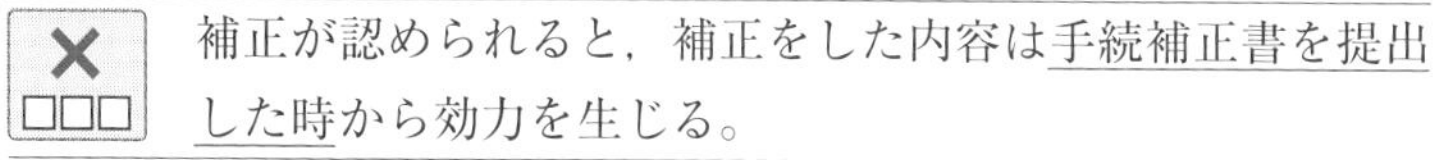

× □□□ 補正が認められると，補正をした内容は手続補正書を提出した時から効力を生じる。

○ □□□ 最後の拒絶理由の通知がされた後でも，特許請求の範囲以外の書類については補正をすることができる場合がある。

× □□□ 拒絶理由通知を受けた特許出願人は，その通知日から30日以内に不服審判を請求することができる。

○ □□□ 特許査定の後，特許査定の謄本送達日から30日以内に，最初の３年分の特許料を納付すると，特許権の設定登録がされる。

× □□□ 発生した特許権を維持するには，第４年目以後の各年分の特許料を当該年度中に支払う必要がある。

4 出願後の手続の流れ③

重要部分をマスター!

⑹ 拒絶査定不服審判と審決取消訴訟

拒絶理由が解消されないままでは拒絶査定となるが，この査定に不服があれば，さらに拒絶査定不服審判を請求して争うことができる（特 121 条）。審判請求は，原則として，拒絶査定の謄本送達日から３ヶ月以内にできる。

審査は審査官の単独で行われるが，審判は３人または５人の審判官の合議で行われる。審理の結果，特許審決または拒絶審決によって審判が終了する。

拒絶審決に対しては，さらに知的財産高等裁判所（東京高等裁判所の中に設けられている知的財産の専門機関で，他の高裁に提起することはできない）へ審決取消訴訟を求めて訴えを提起することができる（特 178 条）。

ここがポイント!

> 通常の法律案件については，三審制が採用されており，地裁・高裁・最高裁と最高３回まで審理を受けることができます。しかし審決取消訴訟においては，特許庁の審判手続が裁判所に準ずる専門審理として尊重され，一審が省略されて地裁へ訴えるのではなく知財高裁へ訴訟を提起することとなっています。

拒絶査定不服審判の請求と同時であれば，明細書や特許請求の範囲，図面の補正をすることができる（特 17 条の２第１項４号）。補正を行った場合は，まず拒絶査定をした審査官が改めて審査をし，なお解消しない場合に初めて審判が開始される（審査前置制度）。

演習問題にチャレンジ!

1回目	月	日	2回目	月	日	3回目	月	日

本テーマの出題例

③学 34-24　③学 32-4
②学 34-19　②学 32-1　②学 32-28

選択肢を◯×で答えてみよう!

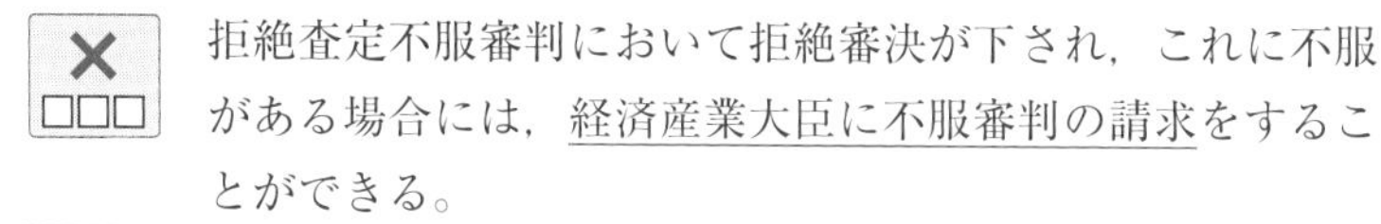

× □□□ 拒絶査定不服審判において拒絶審決が下され，これに不服がある場合には，経済産業大臣に不服審判の請求をすることができる。

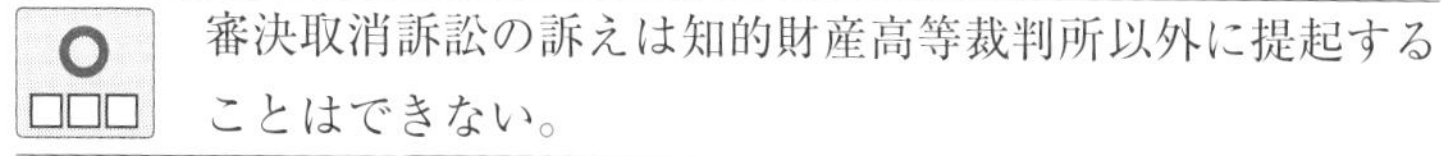

○ □□□ 審決取消訴訟の訴えは知的財産高等裁判所以外に提起することはできない。

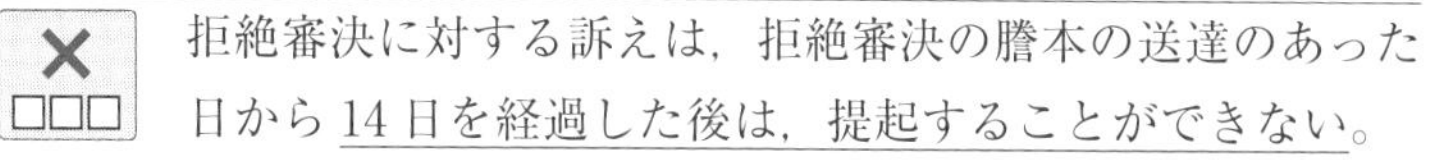

× □□□ 拒絶審決に対する訴えは，拒絶審決の謄本の送達のあった日から 14 日を経過した後は，提起することができない。

5 特許権①

重要部分をマスター!

(1) 特許権の存続期間

① 権利の始期と終期

特許権の始期は設定登録により発生（特66条1項）し，特許権の終期は特許出願の日から20年をもって終了する（特67条1項）。

【特許権の存続期間】

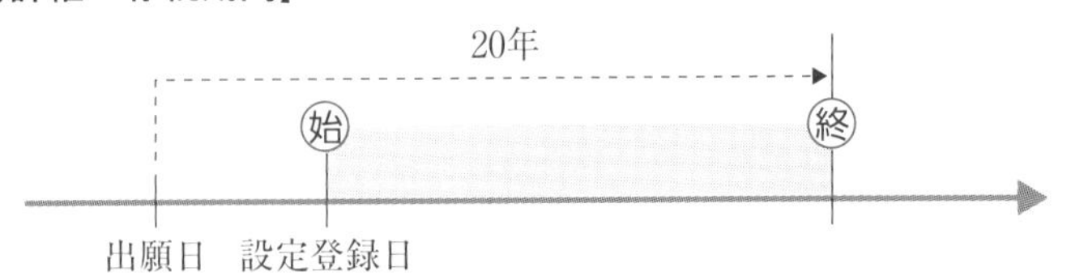

② 特許権の延長

薬事法・農薬取締法で許認可を受けるまで実施が規制される一部の特許については，その規制により実施できなかった期間につき，最大で５年の期間が延長される（特67条2項）。

③ 特許権の消滅

存続期間の満了のほか，相続人の不存在で国庫帰属となる場合（特76条），独禁法による取消し（独100条），無効審判による無効審決の確定，４年目以降の特許料の不納，特許権の自発的な放棄により消滅する。

ここがポイント!

特許料は３年ごとに高額となるので，特許権を維持するか否かの判断が重要となります。

(2) 特許権の効力

特許権の効力とは，業として特許発明の実施をする権利の専有である。

① 実施

・物の発明（特２条３項１号）

⇒その物の生産・使用・譲渡等（譲渡・貸渡し，プログラム等である場合には電気通信回線を通じた提供を含む）・輸出・輸入・譲渡等の申出（展示を含む）をする行為

ここがポイント!

譲渡は有償・無償を問いません。

・方法の発明（特２条３項２号）⇒その方法の使用をする行為

・物を生産する方法の発明（特２条３項３号）

⇒その方法の使用をする行為

＋ その方法により生産した物の使用・譲渡等の行為

② 業として

事業として実施する権利を専有するので，事業でない家庭用・個人用に自分で製造しても，効力は及ばない。

③ 実施行為独立の原則

効力は行為ごとに判断される。例えば，特許権に係る製品を家庭内の使用のために製造すれば効力は及ばないが，その後で製造した製品を業として他人に販売すれば，効力が及ぶ。

⑶ 実施許諾（ライセンス）

特許権に係る発明の実施を許諾する契約を，ライセンス契約といい，契約の性質によって専用実施権や通常実施権が付与される。

①専用実施権：設定範囲内においては，たとえ特許権者であっても実施することができない独占的に実施できる権利（特 77 条）で，特許庁に登録しないと効力が発生しない

②通常実施権：単に実施できる権利（特 78 条）で，当事者間では効力を持ち，登録をしなくても他者に対抗できる（当然対抗制度）。原則独占性はないが，実務上は，独占的な実施を認める独占的通常実施権が結ばれることがある

ここがポイント!

契約なので，独占禁止法に違反しない範囲で内容や地域，期間など様々な取決めをすることは可能です。例えば，独占的な通常実施権でも，特許権者の実施を認めたりすることも可能です。しかし，これらの契約内容を特許庁に登録することはできません。

ライセンス契約では，特許前であっても，出願後から，特許成立時に通常実施権・専用実施権となるべき権利である仮専用実施権・仮通常実施権を設定することができる（特34条の2，特34条の3）。

許諾以外でも，特許出願前から同じ発明を実施していた者には先使用権が（特79条），職務発明が成立すると使用者に通常実施権（特35条1項）が与えられる（法定通常実施権）。

専用実施権や通常実施権は，原則として，特許権者の承諾を得た場合や，事業とともに譲渡する場合，相続その他一般承継の場合に限り，移転することができる。

(4) 特許権の共有

特許権が共有に係るときは，各共有者は，他の共有者の同意を得なければ，その持分を譲渡したり，ライセンスの許諾をすることができない（特73条1項・3項）。

代わりに，契約で別段の定めをした場合を除き，他の共有者の同意を得ないでその特許発明の実施をすることができる（同2項）。

ここがポイント!

著作権の場合だと，譲渡も使用も共有者の同意なくできませんが，特許の場合は，産業発達のため，発明の利用促進の観点から実施は同意なくできることとされています。

演習問題にチャレンジ!

1回目	月　日	2回目	月　日	3回目	月　日

本テーマの出題例

③学34-28　③実33-25　③実33-27　③学32-8
②学34-20　②学33-12　②学32-33　②学32-40　②実32-34

選択肢を○×で答えてみよう!

○ □□□　特許権は，原則として出願日から20年をもって満了するが，延長することもできる。

○ □□□　特許製品を無断で作る行為，作った特許製品を無断で使う行為，作った特許製品を無断で売る行為のいずれも特許権の侵害に該当する。

× □□□　特許公報を見て無断で作った特許製品を，個人的に使っても特許権を侵害することになる。

× □□□　法定通常実施権は，特許庁に登録しないと効力を発生しない。

○ □□□　特許権者は，重複する範囲について複数人に対して通常実施権を許諾することができる。

× □□□　特許権が共有に係るときは，各共有者は，他の共有者の同意を得なければ，その特許権について専用実施権を設定することができないが，他の共有者の同意を得なくとも，通常実施権を許諾することができる。

5 特許権②

重要部分をマスター!

(5) 特許権の効力が及ばない範囲

① 消尽(しょうじん)と並行輸入

消尽とは，特許権に係る製品を譲渡した後は，その特許権の効力が及ばないとする考え方のことである。

⇒譲渡により特許権の効力は用い尽くされたと考えるためで，実施行為独立の原則の例外となる

並行輸入とは，他国と我が国で同じ発明について特許権が存在する場合，他国で正当に譲渡した特許製品が我が国に輸入されても国内の特許権の行使を受けないことを指す。

⇒消尽を国外における特許権者による特許製品の譲渡に応用したもので，国ごとに特許権が成立する属地主義の例外となる

【並行輸入】

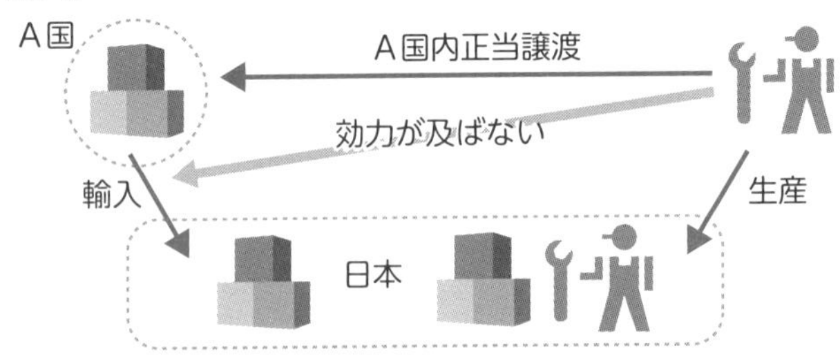

② 専用実施権を設定した範囲

特許権について専用実施権を設定したときは，その範囲については抗力が及ばない（特68条但書）。

③ 効力が及ばない範囲

試験・研究のために特許発明を実施しているときは，効力が及ばない（特69条）。ただし，マーケティングを目的とした試験販売は該当しない。

④ 利用と抵触

利用発明とは，先願に係る他人の発明を利用してなされた発明である。特許のある利用発明を実施する際，被利用発明に係る特許権が消滅していなければ，被利用発明も同時に実施することになるため，注意が必要である（特72条）。

また，先に出願されて登録された意匠権や商標権と抵触するときも実施することができない。

⑹ 特許権の範囲

① 技術的範囲の解釈

特許権の効力が及ぶ範囲は，特許発明の技術的範囲に含まれるか否かで決まり，以下の基準で定めている（特70条）。

- 請求の範囲基準の原則：特許請求の範囲から用語の意義が解釈される以上は，特許請求の範囲の記載に基づいて定める
- 詳細な説明参酌の原則：特許請求の範囲から用語の意義が解釈できない場合は，明細書の詳細な説明や図面を参酌する
- 要約書の記載を考慮してはならない（特70条3項）

特許請求の範囲に記載された構成要素の対比を行って全部が一致すれば（係争対象にすべて含まれている），その特許発明の技術的範囲に属することとなる（権利一体の原則）。

このほか，出願から特許されるまでに出願人が示した意図や特許庁の示した見解などを参酌する出願経過の参酌の原則がある。

技術的範囲については，何人もいつでも特許庁に判定を求めることができる（特71条）。

② 均等論

係争対象物と特許請求の範囲に記載された発明特定事項とを対比した際に，構成要素に文言上の差異がある場合であっても，一定の要件の下に，当該係争対象物を特許発明の技術的範囲に属するものと解釈する場合があり，これを均等論と呼ぶ。

特許出願をする際に，将来の侵害態様を完全に予想して特許請求

の範囲を記載することは困難であり，仮に出願後に開発された新素材に変換することによって侵害を免れるとすることは衡平の理念にもとることによる。

均等の要件は以下の5つである。

・異なる部分が特許発明の本質的部分ではないこと
・異なる部分を置き換えても，特許発明の目的を達成でき，かつ同一の作用効果を奏するものであること（置換可能性）
・侵害時点において，異なる部分を置き換えることに当業者が容易に想到できること（容易想到性）
・出願時における公知技術と同一または当業者が容易に推考できたものでないこと
・係争対象物が意識的除外に当たるなどの特段の事情がないこと

(7) 侵害とみなされる範囲

権利一体の原則により，実施行為は特許発明の内容（構成要件）全体の実施をすることを指すものとされており，一部のみの実施や，異なる態様での実施は特許権の効力が及ばない。例えば「特許になっているテレビの完成品の組立てに必要なすべての部品」をセットで販売し，最終的な組立てを購入者に行わせる場合，この原則では侵害に該当しないことになる。

しかし，このセットが特許製品にしか使用できないものであれば，特許製品の模倣品を販売しているのと事実上同じことになってしまう。

そこで，特許権の十分な保護を図るため，侵害を惹起する蓋然(かいぜん)性が高い行為を侵害とみなす規定を置いている（特101条1号・4号）。さらに，侵害の予備的・幇助(ほうじょ)的行為を追加している（同2号・5号）。

また，特許製品を所持するだけでは，実施行為に該当しないが，侵害品の所持は譲渡等に繋がる蓋然性が高いため，「業としての譲渡等を目的とした所持」を侵害とみなしている（同3号・6号）。

これらを直接侵害に対して間接侵害と呼ぶ。

演習問題にチャレンジ!

1回目	月　日	2回目	月　日	3回目	月　日

▶本テーマの出題例

③実34-24　③実33-19

②学34-17　②学33-21　②実33-25　②学32-5　②学32-15　②学32-26　②実32-23

選択肢を○×で答えてみよう！

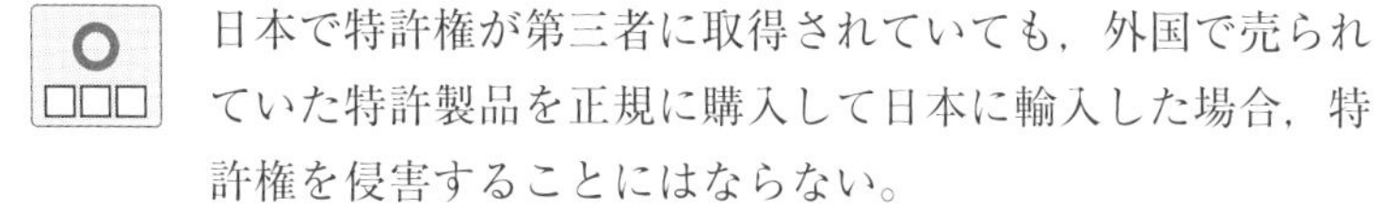

○ □□□　日本で特許権が第三者に取得されていても，外国で売られていた特許製品を正規に購入して日本に輸入した場合，特許権を侵害することにはならない。

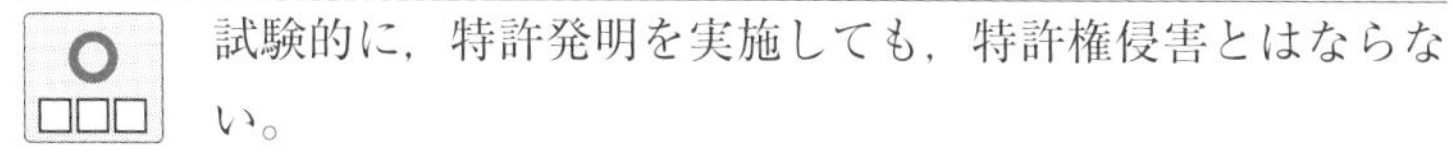

○ □□□　試験的に，特許発明を実施しても，特許権侵害とはならない。

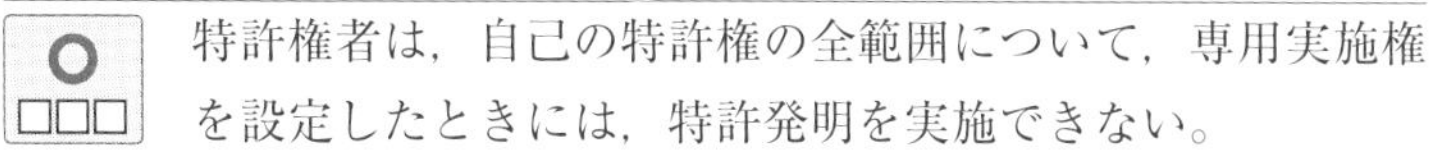

○ □□□　特許権者は，自己の特許権の全範囲について，専用実施権を設定したときには，特許発明を実施できない。

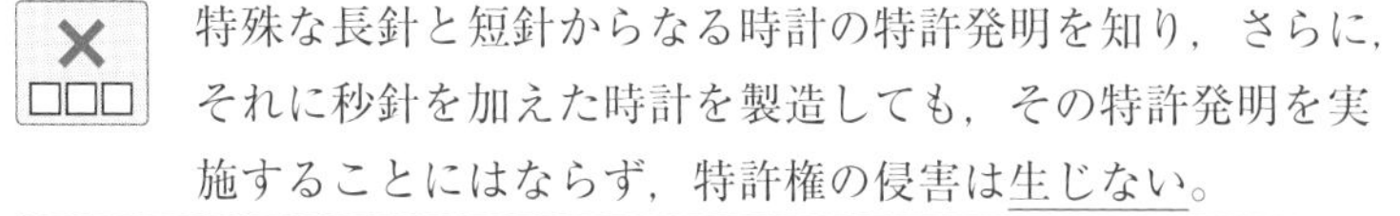

× □□□　特殊な長針と短針からなる時計の特許発明を知り，さらに，それに秒針を加えた時計を製造しても，その特許発明を実施することにはならず，特許権の侵害は生じない。

× □□□　特許発明の技術的範囲は，願書に添付した明細書及び図面の記載に基づいて定めなければならない。

○ □□□　録画機能と再生機能との双方を備える録画機の特許権がある場合に，その再生機能と同じ機能を有する再生機を販売する場合には，その再生機は，たとえ録画機能を有していなくとも，特許権の対象となる録画機の専用品であれば特許権を侵害する。

6 侵害への措置と利用側の対策①

重要部分をマスター!

(1) 民事上の措置

特許権の侵害に対しては，以下の措置をとることができる。

①差止請求（特100条）

②損害賠償請求（民709条）

③不当利得返還請求（民703条）

④信用回復措置請求（特106条）

⑤水際措置（関税69条の2等）

① 差止請求：他人の実施行為を停止することの請求

現在の行為だけでなく，侵害のおそれがある者に対して，予防請求もできる。

また，侵害の再開を防ぐため，付加的に侵害品やその部品，関連する装置などの廃棄除却請求もできる。

すでに侵害行為を停止し，廃棄も終わって侵害のおそれがなくなった場合には差止請求は認められない。

② 損害賠償請求：侵害行為により損害を受けた場合に，その損害を賠償させることの請求

ここがポイント!

> 差止請求が現在や将来の行為に対する請求であるのに対して，損害賠償請求は過去の行為に対してする請求であり，存続期間が満了した後でも請求できます。

損害賠償請求が認められるためには，（ⅰ）侵害の事実，（ⅱ）侵害者の故意または過失，（ⅲ）損害の発生，（ⅳ）侵害行為と損害との因果関係，（ⅴ）損害額について，原則として，訴えた権利者側がすべて立証しなければならない。

しかし，特許権は無体物が保護対象であることから，権利者の側の立証が困難で，むしろ侵害者側に立証責任を負わせた方が妥当な場合があるため，立証軽減規定が置かれている。

（ii）については，特許公報に掲載されていることから侵害者に過失があると推定する規定を置いて，立証責任の転換が図られている（特103条）。（v）についても，最低でもライセンス料相当額が損害額とされ（特102条3項），侵害者の利益額を証明できればその額を損害額とする規定（同2項）や，侵害品の譲渡数量の実施能力分に利益額を掛けた額や実施能力を超えた分についてはライセンス料相当額を損害額と推定するといった規定（同1項1号・2号）が置かれている。

なお，損害賠償請求権は，民法の原則に従い，消滅時効により，権利者が損害および加害者を知った時から3年間行使しないときは消滅し，また侵害行為時から20年を経過したときも消滅する（民724条）。

③　不当利得返還請求

他人に損失を与えた者に対して，それにより損失を受けた者が不当な利得の返還を求めることができる。

損害賠償請求と異なり，立証責任の軽減規定がないが，立証内容が異なるので，損害賠償請求と同時に主張されることが多い。

④　信用回復措置請求

損害賠償請求は金銭による補償となるため，それだけではカバーしきれない信用の回復について，損害賠償に代えて，またはともに請求できる。例えば，新聞紙上における謝罪広告の掲載などを求めることができる。

⑤　水際措置

侵害品の輸入を税関において差し止めることができる。

⇒第6章－3関税法参照

⑵ 刑事罰

差止請求や損害賠償請求のような民事上の措置以外にも，刑事罰が科される場合がある。ただし，刑事罰は故意犯であることが原則であり，過失による特許権侵害は刑事罰の適用を受けない。

一方で，特許権などの産業財産権侵害は，原則として告訴がなくても公訴を提起することができる非親告罪である。

さらに，侵害罪は経済犯罪でもあるため，懲役刑と罰金刑が併科される場合がある。そして，法人の従業者が，その法人の業務に関し，特許権の侵害をしたときは，行為者である従業者のみならず，その法人に対しても罰を科す両罰規定（法人重課）がある。

⑶ 警告を受けた場合の対応

産業財産権を侵害しているとの警告を受けた場合，まず登録原簿により，警告してきた相手が真の権利者であるか，正当に権利が存続しているか等を確認する。

警告だけでは相手の主張にすぎないため，実際に相手の権利を本当に侵害しているかを確認する。拘束力はないが特許庁に判定を求めることも可能である。

そして，実際に自己の行為が他人の特許権の範囲に含まれていたとしても，実施する権原（抗弁事由）を有している可能性もある。例えば，試験・研究目的での実施として特許権の効力が及ばない範囲（特69条）であったり，特許出願前に国内で実施やその準備をしていて先使用権（特79条）を獲得していたりする場合である。

ここがポイント！

> 先使用権は，公平の観点から法上設けられたものであり，法定通常実施権に該当しますが，対価を支払う必要はありません。

また，無効審判等により相手の権利を失わせ，権利行使を排除できる可能性もある（他者権利の排除）。

演習問題にチャレンジ!

1回目	月　日	2回目	月　日	3回目	月　日

▶ 本テーマの出題例

③学32-3　③学32-9　③実32-25
②学34-38　②実34-33　②学33-12　②学33-21　②学33-24

選択肢を○×で答えてみよう！

× □□□　特許権の侵害行為が行われるおそれがあっても，実際に行われていなければ，その差止請求は認められない。

○ □□□　特許権の存続期間が満了した後に，特許権侵害を理由として損害賠償請求の訴えを提起することができる場合がある。

○ □□□　特許権の侵害を理由とする損害賠償請求訴訟に関して，特許法上，過失の推定に関する規定が設けられている。

× □□□　特許権が侵害された場合，損害賠償請求か信用回復措置請求はどちらかを選んで請求しなければならない。

× □□□　特許権侵害に対しては，原則として，特許権者の告訴がなければ公訴を提起することができない。

× □□□　警告を受けた根拠である特許発明の登録の際，現に日本国内において自社で独自に開発して業として実施していた製品であれば，先使用権が認められることがあるが，先使用権に基づいて特許発明を実施する場合，特許権者に対価を支払う必要はない。

6 侵害への措置と利用側の対策②

重要部分をマスター！

(4) 他者の特許権の排除手段

特許権として成立しても，審査段階で見過ごされた新規性などを否定する資料が後に見つかった場合，下記のような手段がある。

① 特許異議の申立て

特許要件を満たさない場合には，特許異議申立てによって特許を取り消すことができる(特 113 条)。特許権の設定登録がなされると，特許公報の発行された日から６ヶ月の間，何人も申立てができる。

② 特許無効審判

特許要件を満たさない場合には，特許無効審判の請求をすることもできる（特 123 条 1 項)。原則として，利害関係人しか請求することができず，一部請求理由では特許を受ける権利を有する者に限られる（同 2 項)。請求できる時期は特許後ではいつでもよく，過去の侵害について損害賠償請求がなされることがあるため，特許権の消滅後でも可能である（同 3 項)。

審決に対しては審決取消訴訟をすることができるが（特 178 条)，無効審決が確定すると，原則として初めから特許権がなかったものとみなされる（特 125 条)。

また，侵害訴訟が提起されているときは，無効審判を別途請求しなくても，訴訟において特許無効の抗弁をすることができる（特 104 条の 3 第 1 項)。

③ 情報提供

何人も，特許庁長官に対して，刊行物や出願書類等を提出することにより，新規性などの特許要件を満たさない旨の情報提供をすることができる（特施行規則 13 条の 2)。特許が成立する前からでも，特許された後でもできる。①②と異なり提供者が明らかにされないため，水面下で秘密裏に権利化を阻止することができる。

演習問題にチャレンジ!

1回目	月　日	2回目	月　日	3回目	月　日

本テーマの出題例

③学32-9

②学34-39　②学33-29　②学33-32　②実32-28

選択肢を○×で答えてみよう！

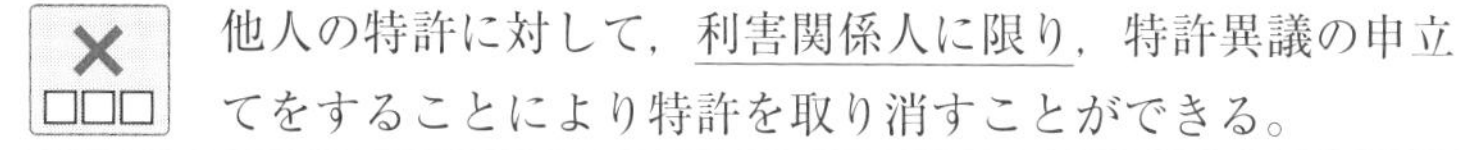

× □□□　他人の特許に対して，利害関係人に限り，特許異議の申立てをすることにより特許を取り消すことができる。

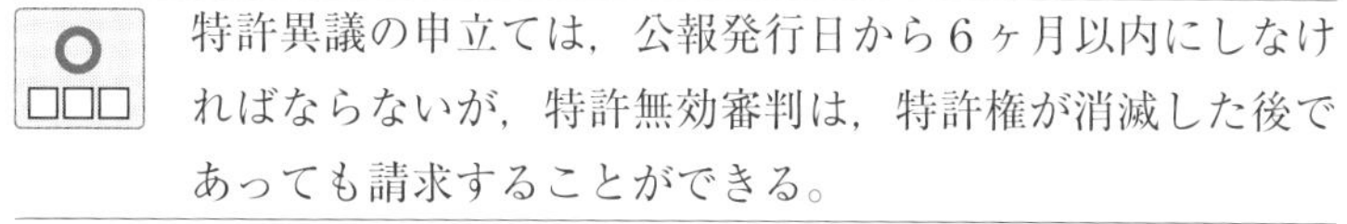

○ □□□　特許異議の申立ては，公報発行日から6ヶ月以内にしなければならないが，特許無効審判は，特許権が消滅した後であっても請求することができる。

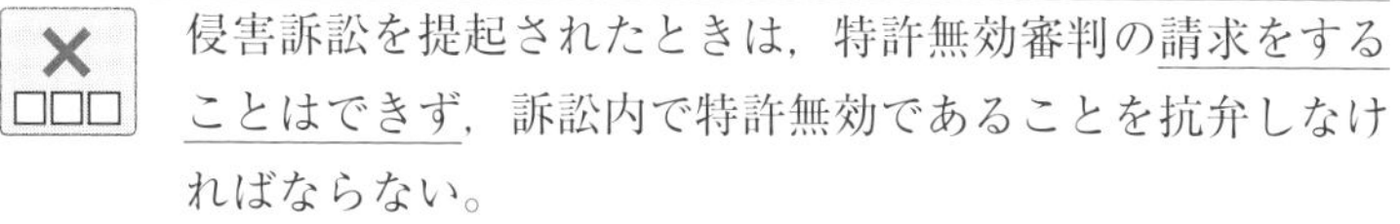

× □□□　侵害訴訟を提起されたときは，特許無効審判の請求をすることはできず，訴訟内で特許無効であることを抗弁しなければならない。

× □□□　特許に係る無効審決が確定した時は，その審判の請求時に遡って当該特許はなかったものとみなされる。

○ □□□　特許権の設定登録前の特許出願に基づいて警告を受けた場合には，特許庁長官への情報提供をすることが効果的である。

7 調査

重要部分をマスター!

(1) 技術調査

特許要件を満たすものであるか否かを事前に調査することを先行技術調査と呼ぶ。調査内容を出願や研究，事業計画に役立てることにより，重複投資を回避することができる。

特許出願は，原則として出願から1年6ヶ月後に出願公開されるので，公開特許公報により出願内容を知ることができ，特許されれば，特許掲載公報に掲載される。これらの公開情報は，特許情報プラットフォーム（J-PlatPat）において，キーワードや技術分野ごとに検索することができる。

これらの調査結果を整理し図表化したものをパテントマップと呼び，自社や業界内の技術動向を把握することができる。

(2) 市場の調査・分析

他社のものを含む特許の出願や登録状況などを調査・分析し，自社の事業戦略に活用することを，知財環境を俯瞰するという意味でIPランドスケープと呼ぶ。

その意義は，積極的な経営戦略・事業戦略策定のために，知財情報と市場情報を統合して分析した事業環境と，将来の見通しを経営陣・事業責任者へ提示するもので，企業や技術ごとの知財マップや市場ポジションの把握をしたり，知財デューデリジェンス（企業買収時における相手の評価）や潜在顧客の探索を実施し，自社の将来的な市場ポジションの提示をすることなどにあるとされる。

演習問題にチャレンジ!

1回目	月　日	2回目	月　日	3回目	月　日

▶ 本テーマの出題例

②学34-10　②学34-26　②学33-13　②学33-33　②実33-23　②学32-13　②学32-17　②実32-19　②実32-31

選択肢を○×で答えてみよう！

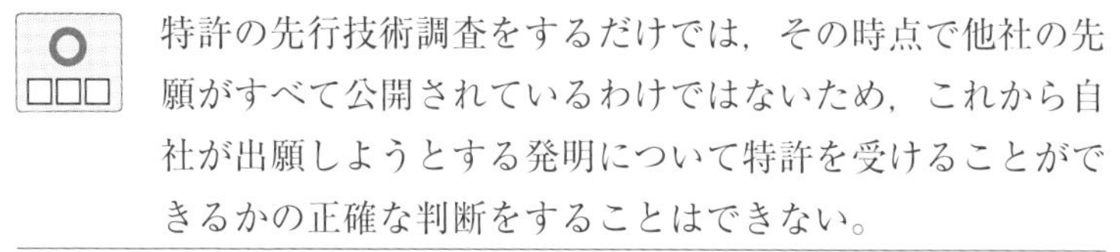

○ □□□ 特許の先行技術調査をするだけでは，その時点で他社の先願がすべて公開されているわけではないため，これから自社が出願しようとする発明について特許を受けることができるかの正確な判断をすることはできない。

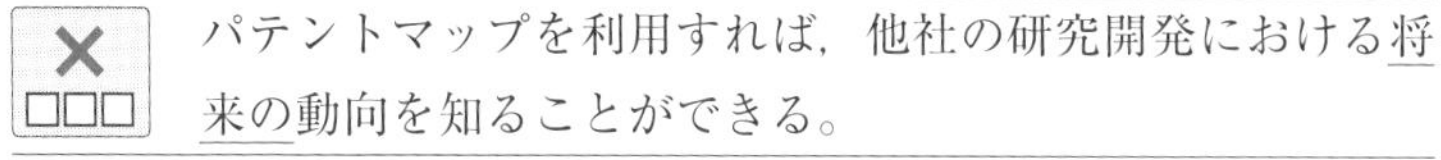

× □□□ パテントマップを利用すれば，他社の研究開発における将来の動向を知ることができる。

○ □□□ 特許情報プラットフォーム（J-PlatPat）を活用することは，特許に関する情報の調査に必要である。

○ □□□ IPランドスケープは，特許出願戦略策定のためだけに必要となるものではなく，経営戦略や事業戦略策定のために必要なものである。

○ □□□ IPランドスケープとは，知的財産に関する情報を活用して事業の見通しを示す業務のことであり，自社製品が他社特許に抵触しないようにするための調査業務のことではない。

× □□□ IPランドスケープにおいて，株式情報やマーケット情報等の非特許情報は不要である。

8 実用新案法での保護

重要部分をマスター！

技術的なアイデアでも，日用品のようなライフサイクルの短い考案（小発明）については，特許法ではなく実用新案法で保護する戦略がある。

⇒「考案」：自然法則を利用した技術的思想の創作

高度性以外は発明と同じだが，早期保護を図るため，以下の制度の違いがあるので，どちらで保護するかはこれらの点を考慮して判断すべきである。

① 保護対象

実用新案法では，保護対象を「物品の形状，構造，または組合せに係る考案」に限定しており，方法の考案やプログラムなどは保護対象とならない（実1条）。

② 無審査主義

実用新案法では，早期に権利を付与することに重点が置かれており，出願すると，実体審査をせずに迅速に権利を付与している。

③ 権利行使

実体審査を経ることなく権利が付与されているため，登録要件を満たしているかは不明である。そこで権利侵害がある場合には，権利行使の時点で要件を満たしているかを特許庁が評価した実用新案技術評価書を提示して警告しなければならない（実29条の2）。提示せずに差止請求をしても認められず，警告後に登録が無効となった場合には，権利者が損害賠償責任を負うこともある（実29条の3）。

実用新案技術評価書は何人でも請求することができる（実12条）。

④ 保護期間

出願日から10年で，特許権よりも短い（実15条）。

演習問題にチャレンジ！

1回目	月　日	2回目	月　日	3回目	月　日

本テーマの出題例

③学34-12　③学33-21
②実34-27　②学33-14　②学33-24　②学32-26

選択肢を○×で答えてみよう！

× □□□ 考案とは，自然法則を利用した技術的思想の創作のうち低度のものをいう。

× □□□ 方法の考案について，実用新案法による保護を受けることができる。

× □□□ 実用新案登録出願は，方式審査も実体審査もされずに登録される。

× □□□ 実用新案権の侵害者に対して権利行使をする場合には，弁理士が作成した実用新案鑑定書を提示して警告をする必要がある。

○ □□□ 実用新案技術評価書は，誰でも請求することができる。

× □□□ 実用新案権の存続期間は，設定登録の日から15年をもって終了する。

9 外国での特許取得手段①

重要部分をマスター！

(1) 属地主義と外国特許権利化

日本で特許を取得しても，その権利は国内にしか及ばず（属地主義），他国で主張することはできない。国際的に事業活動を行うために，諸外国においても特許権を得る以下の方法がある。

- 目的とする国にそれぞれ直接特許出願する方法
- 日本で特許出願した後，これに基づいてパリ条約等の優先権を主張して１年以内に諸外国に出願する方法
- PCT に基づく１件の国際出願を行い，その後，希望する国の国内段階へ移行する方法

(2) パリ条約の基本原則

各国の法制度を重視しながら国際的利用を促進することができる基本原則を定めたものがパリ条約であり，三大原則として①内国民待遇の原則，②特許独立の原則，③優先権制度がある。

①内国民待遇の原則：同盟国に対し，同盟国の国民を自国の国民と同等に扱う原則（パリ２条）

⇒最恵国待遇：同盟国内のいずれかの国に付与する待遇より不利ではない待遇を，他の同盟国にも与えることで，最も待遇のよい国のレベルに合わせることである。パリ条約では採用されていないが，TRIPs 協定では内国民待遇とともに採用されている

②特許独立の原則：ある同盟国において出願された特許は，他国において同一の発明について取得した特許から独立したものとする原則（パリ４条の２）

日本で特許を取得したとしても他国でも必ず取得できるわけではなく，逆も同様である。後述の優先権を主張して他国でも特許を取得している場合でも，他国で無効にされたり，存続期間が消滅しても，各国ごとに特許は成立・消滅することとなる。

演習問題にチャレンジ!

1回目	月　日	2回目	月　日	3回目	月　日

本テーマの出題例

③学 34-27　③実 34-19
②実 34-35・36　②学 33-10　②学 32-32

選択肢を○×で答えてみよう！

○ □□□ 属地主義により，日本で特許権を取得しても，他の国にはその効力は及ばない。

× □□□ 日本に特許出願した後は，外国に特許出願するにあたって，必ずパリ条約による優先権を主張しなければならない。

× □□□ パリ条約の三大原則は，内国民待遇の原則，最恵国待遇，特許独立の原則である。

○ □□□ パリ条約における内国民待遇の原則とは，自国の国民に付与する待遇と同等の待遇を，他の同盟国またはその国民に与えることをいう。

× □□□ パリ条約における内国民待遇の原則とは，同盟国内のいずれかの国に付与する待遇より不利ではない待遇を，他の同盟国にも与えることをいう。

× □□□ 我が国の出願を元に，パリ条約に基づく優先権を主張して，特許権を取得した国における特許権は，我が国でその特許が無効とされたときは，当該他国でも無効とみなされる。

9 外国での特許取得手段②

重要部分をマスター!

③優先権制度

多数の国に出願するときは，各国の言語やルールで手続を進めなければならず，費用や時間の負担が大きいため，同盟国の一国にした最初の出願をもとにして，１年以内に他の同盟国へ出願した場合には，最初の出願をした日に出願をしたものと同様の効果を与える優先権を認めている（パリ４条）。

これにより，後にした出願についても，最初の出願日を基準として新規性などの特許要件が判断されることになる。

優先期間は，特許・実用新案が12ヶ月，意匠・商標が6ヶ月であるが（パリ４条C），特許・実用新案をもとにして意匠の出願をする場合は6ヶ月となる（パリ４条E）。これらの期間は同盟国の都合で変更することはできない。

優先権が認められると，先の出願から後の出願までの間に行われた他の出願や公表などによって不利益な取扱いがされなくなる（パリ４条B）。

また，通常の優先権主張の態様に加えて，複数の出願をもとに優先権主張ができる複合優先と，出願されたものの一部に対して優先権主張ができる部分優先とがある。

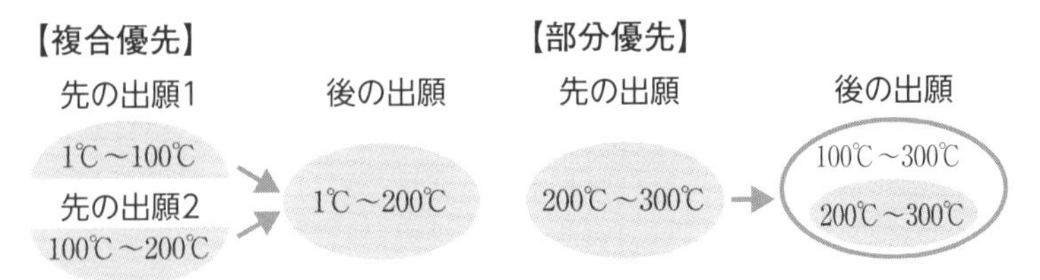

演習問題にチャレンジ!

1回目	月　日	2回目	月　日	3回目	月　日

▶ 本テーマの出題例

③学 34-10　③実 34-19　③学 33-11　③実 33-26　③学 32-21
②学 34-2　②学 34-11　②学 33-10

選択肢を○×で答えてみよう!

○ □□□ 同盟国にした特許出願に基づいて優先権を主張して他の同盟国に実用新案登録出願する場合も，優先権は認められる。

○ □□□ いずれかのパリ条約同盟国にした特許出願も，実用新案登録出願も，優先期間は12月である。

× □□□ パリ条約に基づく優先権を主張して，外国に意匠登録出願をすることができる期間は，優先権主張の元となる出願が特許出願の場合は，出願の日から12ヶ月となる。

○ □□□ パリ条約の同盟国にした最初の第1国出願に基づいて，優先期間内に他の同盟国にパリ条約上の優先権を主張して第2国出願をした時には，当該第2国出願に係る発明の新規性などの登録要件は，第1国出願の時点で判断される。

× □□□ 一の外国出願について，パリ条約による優先権を主張する場合，日本にされた複数の特許出願を優先権の主張の基礎出願とすることはできない。

○ □□□ 部分優先の場合，第一国出願に含まれていなかった構成部分についての優先期間は通常の条件に従って，含まれている構成部分のみで後の出願が優先権を生じさせる。

9 外国での特許取得手段③

重要部分をマスター!

⑶ 特許協力条約（PCT）を利用した国際出願

優先権主張はあくまでも，登録にあたって先の出願を基準とするという効果であって，各国に出願しなければならない点は変わらない。1つの出願をするだけで様々な国へ出願したことと同じに扱ってもらえれば，出願人にとって非常に便利になるが，これを実現したのが，特許協力条約（PCT）による国際出願制度である。

① 国際出願

PCT は，出願，先行技術調査および審査に関する合理化と，これらに関する技術情報の普及について定めた条約で，パリ条約を尊重しつつ（パリ条約の特別取決め），各国国内における特許の審査に至るまでの手続を統一するものである。

出願人は日本の特許庁（受理官庁）に日本語で出願をすることによって，PCT 加盟国すべてに対し正規の国内出願の効果を得ることができる。

受理官庁は，国際出願を受理し，点検・処理して，国際出願日を認定する。この国際出願日が正規の国内出願として，優先権の基礎とされ，各国の実際の出願日とみなされる（PCT11 条（3））。

受理官庁は，国際出願の一通を受理官庁用写しとして保持し，一通を記録原本として国際事務局に送付する。さらに一通を調査用写しとして管轄調査機関に送付する。なお，国際出願は国際事務局に対してすることもできる。

ここがポイント!

PCT はあくまでも手続の統一をするだけで，世界統一の特許権を与えるものではありません。最終的には各国特許庁において特許権の審査が行われます。

出願時点では，すべての国が指定された状態となっているので(みなし全指定)，最終的に国内段階への移行手続の際に権利化が不要な国の指定を外すか否か確認することとなる。

② 国際調査

PCT のすべての出願について，原則として国際調査という先行技術調査が国際調査機関によって行われる。

調査結果は，国際調査報告として出願人と国際事務局に送付される。

また，国際調査において，新規性など発明の特許性に関する審査官の見解（国際調査見解書）が示される。

出願人は，国際調査報告を受け取った後，所定の期間内に国際事務局に補正書を提出することにより，国際出願の請求の範囲について1回に限り補正をすることができる（いわゆる 19 条補正）。

③ 国際公開

PCT 出願の内容は，国際調査報告とともに，原則として，優先日から 18 ヶ月経過後に，国際事務局によって国際公開される。

⇒優先日：パリ条約の優先権制度を利用して優先権を主張する場合には第一国出願日（複数の優先権が主張されているときは最も早い第一国出願日）となり，優先権を伴わない出願の場合は，国際出願日となる

なお，出願人は，これ以前に国際公開を行うことを国際事務局に請求することができる場合がある。

④ 指定国の国内段階

出願人は，指定国において実際に特許出願の手続を行う機関である指定官庁に対して，優先日から 30 ヶ月を経過するときまでに，国際出願の写しと所定の翻訳文を提出し，該当する場合には国内手数料を支払う。

指定国の手続は，PCT の各締約国が自由に定めることができる。

⑤　国際予備審査

出願人が希望する場合，国際出願について新規性，進歩性，産業上の利用可能性を有するか否かについて国際予備審査を請求することができる。

国際予備審査報告が作成されると，所定の付属書類とともに出願人と国際事務局に送付される。

指定国の中から国際予備審査の結果を利用しようとする選択国を選ぶことができ，実際の手続は選択国において手続を行う機関である選択官庁が進める。

なお，国際予備審査を請求し，国際予備審査がなされると，国際予備審査報告が作成される前に，少なくとも1回は国際予備審査機関から書面による見解を示され，出願人は所定の期間内に，請求の範囲，明細書および図面について補正をすることができる（いわゆる34条補正）。

ここがポイント!

> ここでの補正は19条補正と異なり，1回に限られず，補正の対象も請求の範囲に限られません。

⑥　PCT利用のメリット

国際出願がされると，各指定国の言語による翻訳文の提出や各国国内手数料の支払いなどの指定国に対する国内手続は，優先日から30ヶ月まで遅らせることができる。

これにより，パリ条約の優先権のみを主張して外国に出願した場合の1年と比較して，さらに18ヶ月の時間的猶予ができるため，この期間に，出願人は国際調査報告や国際予備審査の結果を検討し，どの国において本当に権利化が必要かを判断しやすくなる。

演習問題にチャレンジ!

1回目	月　日	2回目	月　日	3回目	月　日

本テーマの出題例

③学34-6　③実34-17　③学33-18　③実33-16　③学32-6　③学32-27　③実32-14　③実32-24　②学33-25　③実33-35～37　②学32-10

選択肢を○×で答えてみよう！

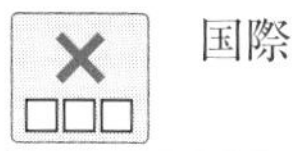

× □□□　国際出願は，受理官庁にのみ行うことができる。

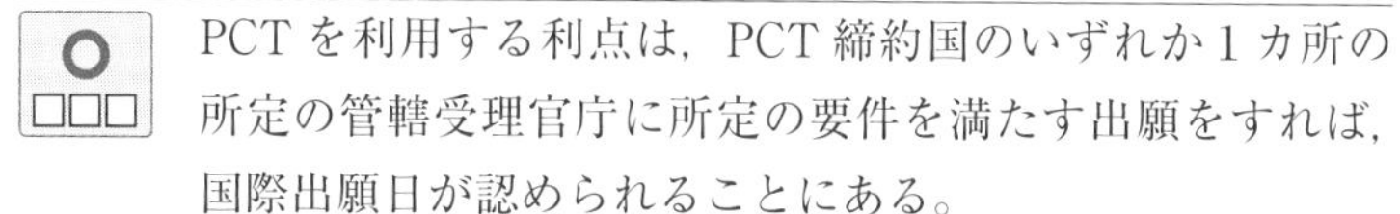

○ □□□　PCT を利用する利点は，PCT 締約国のいずれか 1 カ所の所定の管轄受理官庁に所定の要件を満たす出願をすれば，国際出願日が認められることにある。

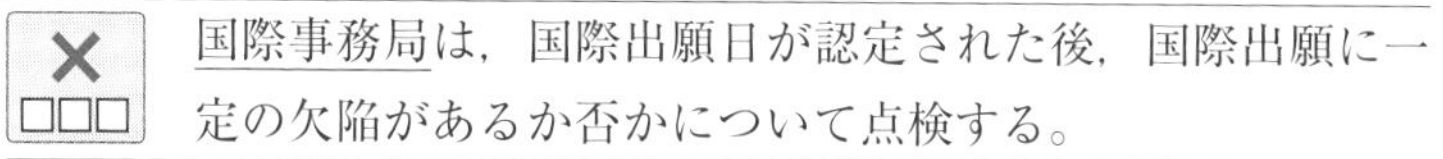

× □□□　国際事務局は，国際出願日が認定された後，国際出願に一定の欠陥があるか否かについて点検する。

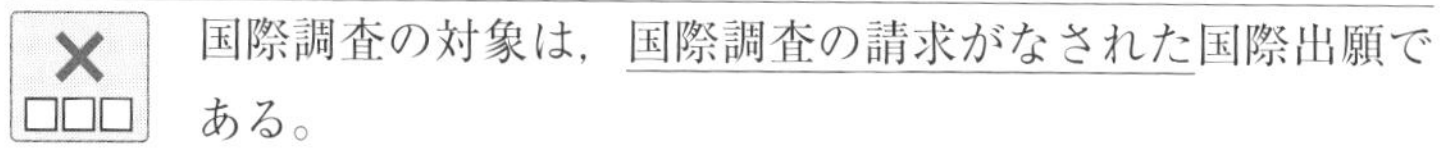

× □□□　国際調査の対象は，国際調査の請求がなされた国際出願である。

× □□□　国際調査では，特許性を有するか否かを審査する。

× □□□　国際予備審査は，国際調査がされた出願について，全て行われる。

第2章

意匠法

デザインを意匠権として保護する意匠法は，特許法と同じ創作法ですが，保護対象が異なります。そのため，意匠法は特許法と共通する点と異なる点とがあり，この点がよく出題されます。また，デザインは後述の著作権法や商標法，不正競争防止法でも保護されることがあるので，比較しながら学習していくと効率がよいです。

1 デザインを保護する法律

重要部分をマスター!

(1) 意匠法の法目的

意匠法は，工業製品のデザインについて特許庁に意匠権を登録し独占させることで，特許権と同様に新たな工業デザインの創作を促し，産業の発達に繋げようとする法律である（意１条）。

(2) 他の法律によるデザインの保護

「漫画の絵」は著作権として著作権法によって保護されるが，意匠権で保護するためには，工業的に量産可能な物品のデザインでなければならない。ただし,「Ｔシャツなどの柄」や「おもちゃの人形」などとして転用されれば，意匠法によって保護される場合がある。

意匠権が特許庁に登録され絶対的な権利であるのに対して，著作権は独自に創作したものであればよく，似ていても権利行使できない相対的な権利にすぎない。

不正競争防止法（以下，不競法）で規制される行為の中には，他人の新しい商品の形態を模倣した商品を販売等する行為がある（不２条１項３号)。また，商品の形態が周知・著名となり，商品の表示としても機能するようになった場合には，この形態の商品を販売等する行為が規制される場合がある（不２条１項１号・２号)。

ただし，意匠法が後述の通り出願日から25年まで保護されるのに対して，不競法の３号だと最初に国内で販売した日から３年までしか保護されない（不19条１項５号イ)。

ここがポイント!

工業デザインについては，意匠法と不正競争防止法の双方で保護を受けられます。意匠登録出願をしていて，まだ登録に至っていないときは，意匠権による保護を受けることができませんが，不競法によって模倣商品の販売等を禁止することができます。

演習問題にチャレンジ!

1回目	月　日	2回目	月　日	3回目	月　日

本テーマの出題例

②実 34-19

選択肢を○×で答えてみよう！

× □□□	意匠法の法目的は，文化の発展に寄与することである。
× □□□	製品のデザインは，日本では，意匠法と著作権法によってのみ保護することができる。

2 意匠登録要件①

重要部分をマスター!

(1) 意匠と物品，建築物，画像

意匠法で保護される「意匠」とは，物品，建築物，画像の形状，模様もしくは色彩またはこれらの結合であって，視覚を通じて美感を起こさせるものをいう（意2条1項）

① 物品等とそれらの部分

・物品とは，市場で流通する有形的な動産をいう（物品性）。

⇒物品に該当しないもの

動産ではない不動産（土地とその定着物），コンピュータの汎用モニター画面に表現されるアイコンのデザイン，アイデアとしてのデザインコンセプト」など

・建築物とは，土地の定着物であって，人工構造物（土木構造物を含む）をいう。

⇒建築物に該当するもの

商業用建築物，住宅，工場，競技場，橋梁，煙突など

・画像とは，操作画像と表示画像とに分けられる。物品と一体的なものも，物品から離れたものも含まれる。

⇒画像に該当するもの

操作画像：ウェブサイトの画像，アイコン用画像，複合機の操作画面（操作ボタンを兼ねる場合）など

表示画像：壁などへ投影される時刻表示画像，テンポが表示される電子メトロノームなど

ここがポイント!

令和元年法改正により，建築物や画像の形状等が保護対象に追加されましたが，テレビ番組の画像，映画，ゲームの画像，風景写真などのコンテンツ画像は，依然として意匠法では保護されません。

② 物品等の部分と部品

物品，建築物，画像には，それぞれ物品，建築物，画像の部分が含まれる（意２条１項かっこ書）。通常は，意匠登録を受けようとする意匠を記載した図面を実線で描くところを，図面のうち保護を求める部分を実線で，それ以外の部分を一点鎖線等で区別して描き，実線の部分の権利化を図る。

一方，カメラのレンズ部分など，物品の部分であっても独立して取引の対象となる部品であれば，保護対象となる。

演習問題にチャレンジ!

1回目	月　日	2回目	月　日	3回目	月　日

▶ 本テーマの出題例

③学 32-18　③実 32-23

②実 34-24　②実 33-20　②学 32-27　②実 32-30

選択肢を○×で答えてみよう！

答	問題
○ □□□	レインボーブリッジも意匠法の保護対象である。
○ □□□	模様を有する着物の帯は意匠登録を受けられる。
× □□□	コンピュータのモニター画面に表示される動物の形を表したアイコンのデザインは，意匠登録を受けられない。
○ □□□	携帯電話のボタン部分のみについて意匠登録を受けられる。
× □□□	部品については，独立して取引の対象となるものであっても，意匠登録を受けられない。

2 意匠登録要件②

重要部分をマスター!

③　物品等の形態

意匠であるためには，物品等の形状・模様・色彩またはこれらの結合でなければならない。これらの組合せは，物品等の形状が前提となっており，色彩のみの意匠などは認められない。

なお，一定の形態を有しなければならない，箱詰めされたタオルセットやサービス意匠などはその形状が物品の属性に基づいたものでないため，物品の形態に含まれていなかったが，令和元年法改正によって意匠と認められることになった。ただし，サービス意匠について登録を受ける場合には，物品の形態を維持することが可能な保形性があることが必要である。このため，例えば，カップに入ったカフェラテの表面に，泡立てたミルクとコーヒーにより模様を描いたものは登録を受けられない。

(2)　意匠の類似範囲

意匠権者が業として意匠の実施をする権利を専有する範囲は「登録意匠およびこれに類似する意匠」であり，類似する意匠の範囲にまで権利の専有部分が広がっている（意23条）。

特許権の効力は均等の範囲までしか及ばず，後述の商標権の効力も類似範囲については他者の使用を禁ずる禁止権を有するのみであるが，意匠権は，類似範囲についても実施できる専用権を有する。意匠権の効力が類似範囲にまで及ぶことから審査段階における新規性や先後願の判断についても，同一のみならず類似範囲も対象となる。

(3)　意匠登録の要件

①　工業上利用可能性

「工業上利用することができる」とは，量産できることを意味する（意3条1項柱書）。

著作物のうち一品製作されるような絵画は該当しない。また，植物などは同一の形態を量産できないため，該当しない。

② 新規性

特許法と同じく，新規なものであることが要求される（意３条１項各号)。出願時にすでに公知となっているものと同じ意匠(同１号)や，公に用いられた意匠（同２号）だけでなく，これらと類似する意匠も登録を受けられない（同３号)。

なお，新規性を失った場合でも，特許法と同様に１年以内であれば，例外的に登録が認められる場合がある（意４条)。

ここがポイント!

平成 30 年改正で６ヶ月前から１年前に延長されたため，過去の問題の解答が変わる場合があります。学習の際は注意してください。

③ 創作非容易性

有名な建物のデザインを置物に転用したり，雑誌やウェブサイトに掲載されたデザインのような，すでにある公知な意匠を参考にして，これを模して別の物品に施した意匠を出願しても，当業者が容易に思いつく意匠であるとして登録を受けられない（意３条２項)。

④ 先願

特許法と同じく，意匠法でも同一の意匠についての出願が前後して行われた場合は，先に出願したもののみが登録を受けられるようになっている（意９条，先願主義)。

ただし，意匠法の場合は，同一の意匠だけでなく類似の意匠についても判断され，先に出願した意匠と同一の意匠でなくても登録を受けられない場合がある。

⑤ 先願意匠の一部と同一・類似の意匠

特許法 29 条の２と同じく，出願前に公知ではなくても，出願後にいずれ公知となる先願に記載された意匠は保護に値しないため，特に全体意匠と部分意匠とでは意匠が非類似のため先後願の判断がされず，後に権利の錯綜（さくそう）を生じないように登録は認められない（意3条の2）。

ただし，先に出願された意匠の一部を構成する部分や部品の意匠であっても，同じ出願人については，先に出願された意匠の公報が発行されるまでは意匠登録を受けることができる。

⑥ 登録を受けられない意匠

たとえ新規なものであっても，以下のものは，登録を受けられない（意5条1号～3号）。

(i)公序良俗違反のもの

(ii)他人の業務に係る物品，建築物または画像と混同を生ずるおそれがあるもの

(iii)物品の機能を確保するために不可欠な形状もしくは建築物の用途にとって不可欠な形状のみからなるもの，または画像の用途にとって不可欠な表示のみからなるもの

演習問題にチャレンジ!

1回目	月　日	2回目	月　日	3回目	月　日

▶ 本テーマの出題例

③学34-22　③実34-15　③学33-26　③実33-14
②学34-29　②学33-3　②実33-20　②学32-16

選択肢を○×で答えてみよう！

× □□□ 星形に折ったハンカチの形状で意匠登録を受けられない。

○ □□□ 純粋美術品は量産できないため，意匠法で保護されない。

× □□□ 野菜のような自然物であっても，似た形のものが生産できれば，工業上利用できるので意匠登録を受けられる。

× □□□ 意匠登録出願前に，すでに公知になっている形状と類似する意匠であっても，意匠登録を受けられる。

× □□□ すでに公知になっている形状から，当業者であれば容易に創作できる意匠であっても，一般人が誰でも容易に創作できる意匠でなければ，意匠登録を受けられる。

○ □□□ 意匠登録を受ける権利を有する者の行為に起因して意匠登録出願の５カ月前に公表された意匠は，意匠登録を受けられる場合がある。

○ □□□ わいせつな形態のように，公の秩序や善良の風俗を害するおそれがある意匠は，たとえ新規なものであっても意匠登録を受けることはできない。

× □□□ 物品の機能を確保するために不可欠な形状を含む意匠は，登録を受けることはできない。

○ □□□ 意匠登録出願前に意匠登録出願されている他人の意匠に類似する意匠は登録を受けることができない。

3 意匠登録出願①

重要部分をマスター!

(1) 意匠登録出願

意匠登録出願では，願書と意匠登録を受けようとする意匠を記載した図面を特許庁長官に提出しなければならない（意6条1項）。

願書には，出願人の住所・氏名以外に「意匠に係る物品又は意匠に係る建築物もしくは画像の用途」を記載しなければならない（意6条1項3号）。図面に代えて，意匠登録を受けようとする意匠を表した写真・ひな形・見本を提出することができる（意6条2項）。

ここがポイント!

> 願書で物品等を特定し，図面で形態を特定することとなります。

(2) 一意匠一出願

意匠登録の出願にあたっては，経済産業省令で定めるところにより，意匠ごとにしなければならず（意7条），1つの出願には1つの意匠しか含めることができない（一意匠一出願）。これに違反した場合には，出願の分割で対応する（意10条の2）。

⇒違反例：意匠に係る物品の欄に「万年筆，ボールペン」と複数の物品を記載，「建築用品」のような総括名称を記載，図面に複数の意匠を記載

⇒例外：社会通念上一体的に流通がなされうるものであり，かつ，すべての構成物が形態上密接な関連性を持って一体的に創作がなされているもの」は，1物品と判断される。
例えば，「『詰め合わせクッキー』および『食卓用皿入り包装用容器』」や，「『歯磨き粉』および『包装用容器付き歯ブラシ』」がこれに該当する。

なお，動的意匠として，変形するおもちゃや画像のような動きのある意匠はその旨を願書に記載すれば登録できる（意6条4項）。

演習問題にチャレンジ!

1回目	月　日	2回目	月　日	3回目	月　日

▶ 本テーマの出題例

③実 33-18

②学 34-29　②実 33-33　②学 32-27　②実 32-30

選択肢を◯×で答えてみよう！

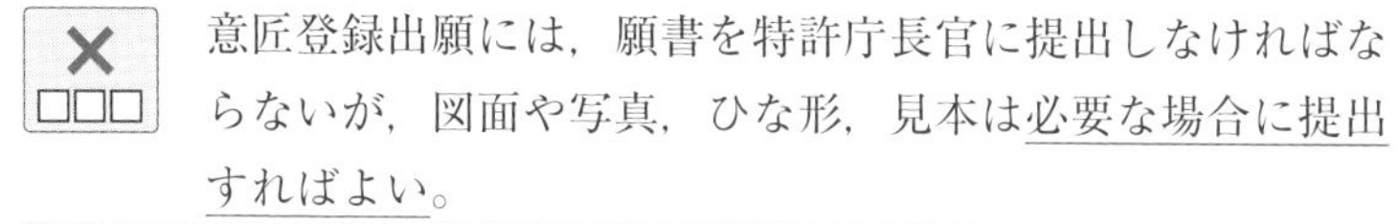

× □□□　意匠登録出願には，願書を特許庁長官に提出しなければならないが，図面や写真，ひな形，見本は必要な場合に提出すればよい。

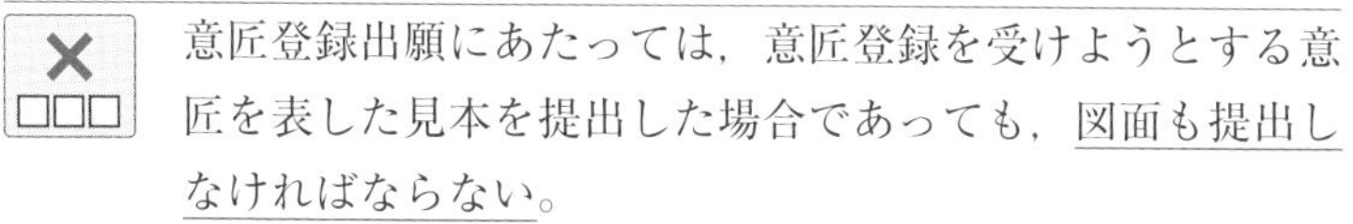

× □□□　意匠登録出願にあたっては，意匠登録を受けようとする意匠を表した見本を提出した場合であっても，図面も提出しなければならない。

× □□□　意匠に係る物品の欄に「万年筆，ボールペン」と複数の物品を記載したり，図面に複数の意匠を記載した場合は，一意匠一出願違反となるが，「建築用品」のような総括名称を記載すれば，違反とはならない。

× □□□　変形するおもちゃのような動きのある意匠は，願書にその旨を記載しなくても，図面にその動きを記載すれば登録を受けることができる。

3 意匠登録出願②

重要部分をマスター！

(3) 組物の意匠

デザインには，例えばフォークとスプーンとナイフのセットのように，多物品に同じコンセプトの創作を加えて，全体として統一感を出すものもある。この場合，多物品で出願してしまうと一意匠一出願に違反することとなるので，「同時に使用される２以上の物品，建築物または画像であって経済産業省令で定めるもの」を組物として，組物を構成する物品に係る意匠は意匠登録を受けることができる（意８条）。

ここがポイント！

例えば，物品と建築物との組合せのように，異種意匠間の組物の意匠についても意匠登録の対象となります。また，令和元年法改正により，例えば，フォークとスプーンとナイフのそれぞれの柄（え）の部分に統一感があれば，それらの柄部分の部分意匠についても組物の意匠として登録されることになりました。

(4) 内装の意匠

令和元年法改正により，店舗，事務所その他の施設の内部の設備および装飾（以下「内装」という。）を構成する物品，建築物または画像に係る意匠も，内装全体として統一的な美感を起こさせるときは，一意匠として出願をし，意匠登録を受けることができる（意８条の２）。組物の意匠と同じく，一意匠一出願の例外として，『複数』の物品等から構成される内装について，一意匠として出願・登録を認める。内装の意匠には，店舗，事務所，宿泊施設，医療施設，興行場，住宅，客船，鉄道車両などが該当し，動産も含まれる。ただし，施設の利用者が肉眼によって視認することのない，天井裏，床下，壁裏などは除かれる。

演習問題にチャレンジ！

1回目	月 日	2回目	月 日	3回目	月 日

本テーマの出題例

③実 33-18

②学 32-27　②実 32-30

選択肢を○×で答えてみよう！

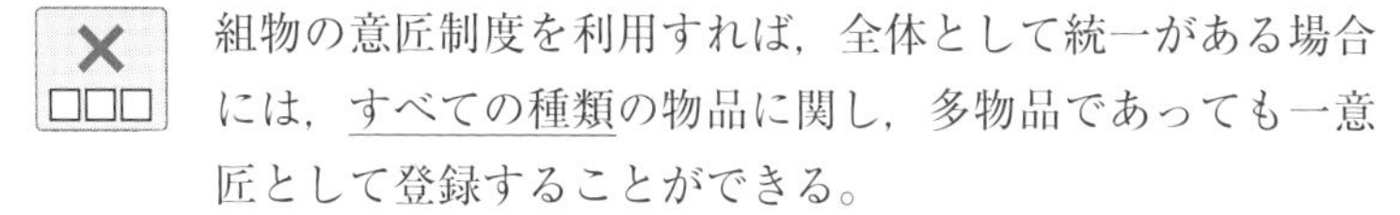

× □□□　組物の意匠制度を利用すれば，全体として統一がある場合には，すべての種類の物品に関し，多物品であっても一意匠として登録することができる。

○ □□□　施設の内部の設備及び装飾を構成する物品に係る意匠も，内装全体として統一的な美感を起こさせるときは，一意匠として意匠登録を受けることができる。

○ □□□　店舗の天井は内装の意匠として登録することができるが，店舗利用者が肉眼によって視認することのない天井裏は登録することはできない。

3 意匠登録出願③

重要部分をマスター!

⑸ 出願から登録までの流れ

① 出願と審査

意匠法には，特許法のような出願審査請求制度はないので，意匠登録出願をすると，原則として，すべての出願が自動的に審査される。

審査は，方式審査と実体審査に分かれ，実体審査の段階で実体要件を満たしていなければ，審査官が出願人に拒絶理由の通知をし，出願人は拒絶理由に対して補正書や意見書の提出により対応する。

登録査定がされれば，登録料を支払うことにより設定登録され意匠権が発生し，意匠公報が発行される（意20条3項)。

補正が認められず，拒絶査定を受けた場合は，拒絶査定謄本の送達日から3ヶ月以内に拒絶査定不服審判を請求し，再度，特許庁の判断を仰ぐことができ，その審決に対しても不服がある場合には，知的財産高等裁判所に審決取消訴訟をすることもできる。

② 出願内容の公開時期

意匠法には出願公開制度もない。第三者に意匠を公開し，その公開による新たな意匠の創作の創出というサイクルによる利点がなく，むしろ物品の外観であることから，かえって模倣を招くことになってしまうため，出願内容が公開されるのは，意匠登録された意匠公報で行うこととなっている。

③ 秘密意匠制度

デザインは流行に左右されやすく，また物品の外観であることから模倣されやすいため，あらかじめデザインを完成させておいて流行を見ながら，数年後に初めて製品を世に出したい場合に利用する制度が，秘密意匠の制度である（意14条)。

設定登録の日から3年を限度として，意匠公報にその登録意匠の外観の不掲載を認めている。

秘密の請求は，所定の書面を出願と同時か，第１年分の登録料の支払時に特許庁長官に提出して行う。３年の期間内であれば，期間の延長・短縮の請求をすることができる。

(6) 関連意匠制度

意匠の創作にあたっては,同じデザインコンセプトに基づき,様々なバリエーションの意匠が創作されることがある。しかし，同一の出願人が，互いに類似する意匠についてそれぞれ別の出願をすると，類似範囲についても先後願の判断の対象となり拒絶されてしまう（意９条）。

そこで，同時に創作されたバリエーションの意匠を的確に保護するため，関連意匠の制度が設けられている（意10条）。

同一の出願人が類似する２以上の意匠について，その１つを「本意匠」，その他を「関連意匠」として出願すれば，関連意匠の出願日が本意匠の出願日以後であって，意匠公報の発行日前である場合には，先願主義の適用をせずに，登録が認められる。

また,最初に本意匠として選択した一の意匠を「基礎意匠」という。

【類似意匠と非類似意匠】

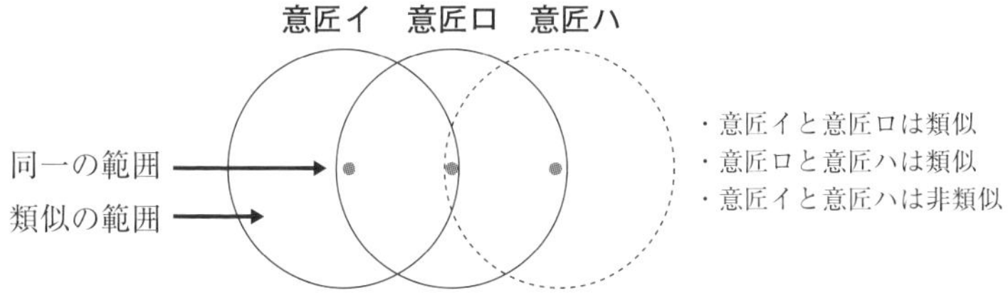

上図のように，意匠イを本意匠とすると，意匠ハについては関連意匠ロにのみ類似する意匠となる。

令和元年法改正前は「関連意匠ロにのみ類似する意匠ハ」については登録を受けられなかったが，同改正により，イロハすべてについて登録を受けることができることとなった（意10条７項）。なお，同改正前も意匠ロを本意匠とする補正をすれば，イロハのすべてについて登録を受けられた。

なお，意匠イを最初に出願し，その後に，意匠イを本意匠として意匠ロを関連意匠として出願し，その後に意匠ロを本意匠として意匠ハを関連意匠として出願する場合（この場合，意匠イが「基礎意匠」となる。），関連意匠ロ，ハはそれぞれ基礎意匠イの出願日から10年を経過する日前までに出願する必要がある。また，本意匠イの意匠権が消滅した後に関連意匠ロの出願は登録されず，同様に，本意匠ロの意匠権が消滅した後に関連意匠ハの出願も登録されない。

演習問題にチャレンジ!

1回目	月　日	2回目	月　日	3回目	月　日

▶ 本テーマの出題例

③学34-19　③実34-26　③実33-21　③実32-26
②学34-21　②学33-39　②実33-33　②学32-27　②実32-22　②実32-32

選択肢を◯×で答えてみよう！

× □□□ 意匠登録出願は，出願日から3年以内に出願審査請求を行わなければ，審査がされることはない。

○ □□□ 日本の意匠制度には，出願審査請求制度もなければ，出願公開制度もない。

× □□□ 意匠登録の査定がされた場合には，登録料の納付をする前に，その登録内容を記載した意匠公報が発行される。

○ □□□ 登録意匠の内容について，意匠登録出願人の請求により所定の期間，その意匠を秘密にすることができる。

× □□□ 特許庁長官は，意匠登録出願の日から1年6カ月を経過したときは，当該出願の公開をしなければならない。

○ □□□ 秘密意匠としての請求をしていない意匠登録出願であっても，意匠登録前に特許庁から出願公開されることはない。

× □□□ 秘密意匠の請求は，必ず，出願時に所定の書面を提出しなければならない。

× □□□ 秘密意匠の請求は，設定登録の日から3年の期間内であれば，期間の延長をすることができるが，短縮をすることはできない。

× □□□ 関連意匠制度とは，自己の意匠に類似する複数の意匠を一の意匠登録出願で登録できる制度である。

× □□□ 関連意匠の意匠登録出願をするときには，当該意匠と類似する他の意匠を本意匠として，その本意匠の出願日と同日に意匠登録出願をする必要がある。

4 意匠権の効力

重要部分をマスター!

(1) 意匠権の効力

意匠権の効力範囲は，登録意匠だけでなく，類似する意匠の実施をする権利も専有している（意23条）。

【意匠の類否】

		物品		
		同一	類似	非類似
外観	同一	同一意匠	類似意匠	非類似意匠
	類似	類似意匠	類似意匠	非類似意匠
	非類似	非類似意匠	非類似意匠	非類似意匠

したがって，類似物品の類似意匠にまで，積極的な効力が及ぶ。また，関連意匠の意匠権を取得していれば，さらにその類似範囲にまで効力が及ぶこととなる。

登録意匠の範囲は，願書の記載および図面に記載された意匠に基づいて定められる（意24条1項）。登録意匠とそれ以外の意匠との類否判断は，需要者の視覚を通じて起こさせる美感に基づいて行われる（同2項）。

登録意匠・類似意匠の範囲については，特許庁に対して判定を求めることができる（意25条）。

ここがポイント!

当業者ではなく需要者である点に注意してください。

(2) 意匠権の存続期間

意匠権の設定登録がなされれば，意匠権が発生する。意匠権の存続期間は，出願日から25年である（意21条1項）。

ここがポイント!

令和元年法改正により「出願日」が起算日となる点，20年から「25年」に変更された点に注意してください。

関連意匠の意匠権の存続期間は，その出願日からではなく，その基礎意匠の出願日から25年となる（同2項）。

また，関連意匠の意匠権と基礎意匠の意匠権とは，分離して移転することができない（意22条1項）。

なお，特許法のような延長制度や，商標法のような更新制度はない。

演習問題にチャレンジ!

1回目	月 日	2回目	月 日	3回目	月 日

本テーマの出題例

③学34-15 ③実34-22 ③学32-24 ③実32-13

選択肢を◯×で答えてみよう！

意匠権の侵害というためには，形態が同一又は類似であることの他に，その物品が同一でなければならない。

登録意匠とそれ以外の意匠が類似しているか否かの判断は，当業者の視覚を通じて起こさせる美感に基づいて行われる。

意匠権の存続期間は出願日から25年であるが，延長される場合もある。

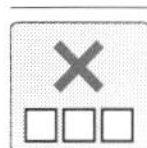

関連意匠の意匠権の存続期間は，その出願の日から20年となる

第3章 商標法

1. ブランドを保護する法律
2. 商標登録要件
3. 出願の手続と登録
4. 商標権の効力
5. 商標登録の取消しと無効

産業財産権四法のうち，商標法は創作法ではなく，標識法に分類される法律で，権利取得のために特許庁へ出願するという共通部分と，制度趣旨の違いから大きく異なる部分とがあり，これらが出題されやすいポイントとなります。

1 ブランドを保護する法律①

重要部分をマスター!

(1) 商標法の法目的

ブランドとは，商品やサービス（役務（えきむ））の質や製造元などを示す印（マーク）や銘柄のことであり，商標法や後述の不正競争防止法によって保護される。

商標法は，商標を保護することにより，商標の使用をする者の業務上の信用の維持を図り，もって産業の発達に寄与し，あわせて需要者の利益を保護することを目的とする（商１条）。

(2) 商標の機能

商標には４つの機能があるとされる。

【商標の４つの機能】

・商　品　「カバン」
・商　標　「X」
・製造者　 甲

〈需要者の認識〉

①自他商品等識別機能 → カバンにはXの印が付されているものがある
②出所表示機能 → X印のカバンは甲が製造しているようだ
③品質・質保証機能 → X印のカバンはなかなか壊れない
④広告宣伝機能 → X印がついているものはよいものだ

この４つの機能は下記のような関係になるため，①は省略されて，②～④までを商標の３つの機能と説明されることもある。

【商標の３つの機能】

①自他商品等識別機能 ─┬ ②出所表示機能
　　　　　　　　　　　├ ③品質・質保証機能
　　　　　　　　　　　└ ④広告宣伝機能

自他商品等識別機能をもとにして，出所表示機能，品質・質保証機能，広告宣伝機能が導かれます。

このようにして業務上の信用が化体(かたい)された商標を保護しないと，同一の商標と誤って購入した商品が劣化したものであれば，需要者は大きな被害を受ける。そのため，商標を特許庁に登録して，商標権という独占排他権（商25条，37条）を付与することによって，他者の使用を排除し，商標を使用する者の信用を維持して産業の発達に寄与するとともに需要者の保護も図っている。

(3) 登録主義と使用主義

商標制度は形式的に商品・サービス名を保護することにより，実質的には商品・サービスに蓄積された営業上の信用を保護しようとするものである。

逆に言えば，例えば将来発売予定の商品のネーミングを考える場合，現在未発売である以上は蓄積された信用がないため，保護を受けられないこととなってしまう。

したがって，実際に商標を使用していなくても，使用する意思があり，かつ近い将来において信用の蓄積が予想されるものであれば登録を認められている（商３条１項柱書）。

実際に使用していなくても一定の要件を満たせば商標登録を認める法制度を登録主義といい，現実に使用しなければ商標権を発生させない考え方を使用主義という。

ここがポイント!

登録主義を採用すると，ストック商標という当面使用する予定はないが将来の使用のためにあらかじめ登録してある商標を，他社への牽制や商品展開の関係から大量に取得し保有することが行われがちです。このため，登録の更新制度を採用し，不使用の商標については取消しの審判が設けられています（使用主義への修正）。

なお，登録しないまま信用が蓄積された商標については，不正競争防止法で保護している。

(4) 商標権の効力範囲と内容

商標権には，その効力として，独占的に使用できる専用権（独占権）と，他人の使用を禁止する排他権（禁止権）がある。登録商標と指定商品・役務が同一の範囲についての効力が前者で（商25条），後者は登録商標と指定商品・役務とがともに類似の範囲にまで及ぶ（商37条1号）。

ここがポイント!

> 類似する範囲については，他人の使用を排除するだけで独占的に使用できるわけではない点が商標権の特徴で，類似範囲についても独占的に実施できる意匠権とは異なります。

【商標権の効力範囲】

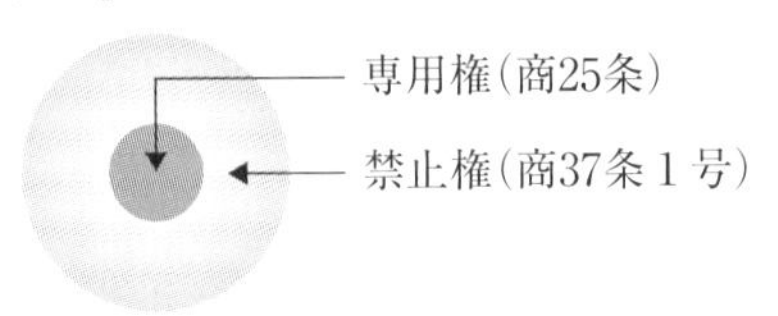

商標が類似するか否か（類否）の判断は，称呼（読み方）・外観（見た目）・観念（意味）の3つの要素について，原則として一般の取引者や需要者が間違えるか，取引の実情なども含めて総合的に判断される。

また，類否の判断は，商標以外にも後述する指定商品・役務についても行われ，いずれかが非類似だと非類似となる。指定商品・役務の類似は，同一・類似の商標が使用された場合に，出所の混同が生じるか否かで判断される。

例）洋酒とビールは商品が異なるが，酒屋で販売される点で一致しており，類似する商品となる。

演習問題にチャレンジ!

1回目	月　日	2回目	月　日	3回目	月　日

本テーマの出題例

③実34-16　③実34-20　③学33-29
②学34-5　②実34-7・8　②実32-33

選択肢を○×で答えてみよう!

○ □□□ 商標権は，使用により商標に化体した業務上の信用を保護するものである。

○ □□□ 我が国においては，商標登録を受けるためには，必ずしも，その商標について使用している必要はない。

× □□□ 商標権者は，その指定商品に類似する商品について登録商標を独占的に使用する権利は有しないが，第三者の使用を禁止できる。

○ □□□ 「コーヒー」を指定商品として登録を受けている商標「ＡＢＣ」を，「紅茶」の新ブランドにも使用する場合，商標「ＡＢＣ」が登録されていても，他社の商標の類似範囲になると使用できなくなるので，新たに登録を受ける必要がある。

○ □□□ 商標より生ずる外観が同一であっても，称呼・観念及び取引の実情を総合的に考慮した結果，非類似の商標と判断されることがある。

1 ブランドを保護する法律②

重要部分をマスター!

⑸ 商品と役務

商標には，商品について使用されるものとサービスについて使用されるものがある。サービスのことを商標法においては役務と呼び，商品について使用するものを商品商標，サービスについて使用するものを役務商標という。

商標登録出願をする場合には，その商標をどの商品・役務に使用するかを指定する必要があり（商６条），この指定した商品・役務を指定商品・指定役務という。

①「商品」

商取引の目的となり得るべきもので，特に動産をいう。取引性，有体物，動産が要件とされ，ある程度の量産性も必要とされる。

- 有価証券や禁制品は取引性×（麻薬は医薬品として取引性○）
- 天然ガスは容器に入れれば取引性○
- マンションは不動産で×，マンション販売は役務に該当
- 書画・骨董は動産だが量産性×
- 料理店で提供される料理は，取引性がないため商品ではなく役務に該当するが，テイクアウトとすることで商品に該当する

②「役務」

他人のために行う労務・便益であって，独立して商取引の目的となり得るべきものとされる。

- 他社のためのチラシ配布は該当するが，自社製品の宣伝は，他人のために行うものではなく該当しない
- 出前などの付随的サービスは，独立した商取引の対象ではなく該当しない
- 小売・卸売は従来役務に該当しないとされていたが，現在は役務に該当する（商２条２項）

演習問題にチャレンジ!

1回目	月　日	2回目	月　日	3回目	月　日

本テーマの出題例

③実 32-15

②実 34-9・10　②実 32-19

選択肢を○×で答えてみよう！

× □□□　レストランやクリーニング店が提供するサービスに関しては商標登録できない。

○ □□□　商標登録できる広告サービスは，他人のためにする広告でなければならない。

○ □□□　マンションについて商標登録するには，商品ではなくマンション販売というサービスを指定しなければならない。

× □□□　小売を指定役務として商標登録することはできない。

2 商標登録要件①

重要部分をマスター!

(1) 商標の定義

商標法で保護される「商標」とは，標章であって，業として商品を生産等する者がその商品等について使用するものをいう（商２条１項）。

- ・「標章」：人の知覚によって認識することができるもののうち，文字，図形，記号，立体的形状もしくは色彩またはこれらの結合，音その他政令で定めるもの
- ・「結合商標」：異なる意味の文字と文字，図形と図形・記号と文字等を組み合わせた商標

改正により，かつては認められなかった，音だけの商標や色だけの商標も認められるようになっているが，匂いや味などは現在も認められていない。なお，令和２年時点において政令で列挙されているものはない。

ここがポイント!

アメリカでは使用主義を採用するため，匂いや味でも，識別力を有するようになったと判断されれば登録されますが，日本では今のところ認められていません。

(2) 一般的登録要件

商標に業務上の信用が化体するためには，自他商品・役務の識別力を持つ商標でなければならない。よって，もともと識別力を持たないものには登録が認められず，商標法３条１項１号から６号に列挙されている。

① 普通名称（1号）

取引業界においてその商品・役務の一般的名称であると認識されているもの。

例）商品「時計」について「ウォッチ」，役務「靴の修理」について「靴修理」 など

② 慣用商標（2号）

もともとは識別標識であったものが，同種の商品等について，同業者間で普通に使用されるようになったため，もはや自他識別機能を失ってしまった商標のこと。

例）商品「清酒」について「正宗」，役務「宿泊施設の提供」について「観光ホテル」

③ 記述的商標（3号）

商品については，その産地，販売地，品質，原材料，効能，用途，形状（包装の形状を含む），生産・使用の方法・時期その他の特徴，数量・価格，役務については，その提供の場所，質，提供の用に供する物，効能，用途，態様，提供の方法・時期その他の特徴，数量・価格を普通に用いられる方法で表示する標章のみからなる商標のこと。

例）商品「洋服」について「東京銀座」（販売地），商品「薬剤」について「万能」（効能），商品「靴」について「登山」（用途）

④ ありふれた氏・名称（4号）

例）「ＹＡＭＡＤＡ」「佐藤商会」など

なお，ありふれた氏でも氏名になれば該当しない。

ここがポイント！

1号・3号・4号は，いずれも「普通に用いられる方法」で表示されたもののみからなることが要件とされています。したがって，普通ではない表示の仕方であれば，登録される可能性があります。

⑤ きわめて簡単で，かつ，ありふれた標章のみからなる商標（5号）

例）1文字のかな文字や2文字以下のローマ字や数字，円輪郭などの図形，円柱などの立体的形状

⑥　その他需要者が何人かの業務に係る商品・役務と認識できない商標（6号）

例）地模様のみからなるもの，「大切なお金で上手なお買いもの」のようなキャッチフレーズ，現行の元号「令和」，役務「飲食物の提供」について「愛」「ゆき」など特定の役務について多数使用されている店名

⑦　使用による識別力の獲得

上記のうち，「記述的商標」，「ありふれた氏・名称」，「きわめて簡単で，かつ，ありふれた標章のみからなる商標」について，使用の結果，需要者が何人かの業務に係る商品・役務であることを認識できるようになったものは，登録を受けられるようになる（商３条２項）。

登録例）商品「ハム」について「ニッポンハム」

ただし，場合によっては後述の商４条１項18号で登録を受けられないものもある。

演習問題にチャレンジ!

1回目	月　　日	2回目	月　　日	3回目	月　　日

▶本テーマの出題例

③学34-13　③実34-13　③実34-16　③学33-29　③実33-7～12　③学32-2
②実34-5　②実33-38　②学32-20

選択肢を○×で答えてみよう！

○ □□□ 香水の香りについては，たとえ有名になってすぐにわかる匂いであっても商標登録を受けることができない。

× □□□ 色彩は，文字等との結合商標としてでなければ，商標法の保護対象とはならない。

× □□□ 飲食店の店頭に置いてある人形のような立体的な形状については，文字や色彩との結合でなく，立体的形状のみからなる場合には，商標法の保護対象とはならない。

× □□□ 音は，文字等と結合しても，商標法上の商標として保護されない。

○ □□□ 商標法上の商標に該当するためには，単に文字や図形などから構成されるものであるだけでなく，業として商品等に使用するものでなければならない。

× □□□ 商品の普通名称は，いかなる方法で表示した場合でも，商標登録を受けることができない。

○ □□□ 指定役務の質を普通に用いられる方法で表示する標章のみからなる商標であっても，使用の結果，登録を受けることができる場合がある。

2 商標登録要件②

重要部分をマスター!

⑶ 具体的登録要件

出願された商標は，識別力を有していても，公益的見地や私益の保護の立場から登録を受けられないことがあり，商4条1項1号～19号に不登録事由として列挙されている。

① 公益的見地などから登録が認められないもの

1号：我が国の国旗，菊花紋章，勲章，褒章，外国の国旗と同一・類似の商標

2号：パリ条約の同盟国等の国の紋章その他の記章であって経済産業大臣の指定するものと同一・類似の商標

3号：国際連合その他の国際機関を表示する標章であって，経済産業大臣が指定するものと同一・類似の商標

4号：赤十字等の特別法で定められた特殊標章と同一・類似の商標

5号：日本国，パリ条約の同盟国等の政府等の監督・証明用の印章・記号のうち，経済産業大臣が指定するものと同一・類似の標章を有する商標であって，その印章・記号が用いられている商品・役務と同一類似の商品・役務について使用をするもの

6号：営利を目的としない公益団体等を表示する著名な標章と同一・類似の商標

例）都道府県，市町村，地下鉄，市バス，水道事業，大学，宗教団体，オリンピック等を表示する著名な標章など

7号：公序良俗（公の秩序や善良の風俗）を害するおそれがある商標

例）卑猥なもの，他人に不快感を与えるような文字・図形

8号：他人の肖像・氏名・名称，著名な雅号・芸名・筆名等を含む商標

他人の氏名等については，当該他人の承諾を得ているものは除か

れる（同かっこ書）。

9号：政府等が開設する博覧会等の賞と同一・類似の標章を有する商標

その賞を受けた者が，商標の一部としてその標章の使用をするものは除かれる（同かっこ書）。

② 出所の混同を防止するために登録が認められないもの

10号：需要者の間に広く認識されている他人の未登録商標と同一・類似の商標であって，同一・類似の商品について使用をするもの

需要者の間に広く認識されているとは，周知のことであり，全国的に認識されているものでなくても，ある一地方で広く認識されているものでよい。また，最終消費者まで広く認識されているものだけでなく，取引者の間に広く認識されているものも含まれる。

11号：他人の先願に係る登録商標と同一・類似の商標であって，同一・類似の商品・役務について使用をするもの

先に出願され登録された他人の商標と同一・類似する商標の登録を認めないもので，需要者の混同を防ぐためである。

12号：他人の登録防護標章と同一の商標であって，同一の商品・役務について使用をするもの

著名商標と混同する可能性があるとして，他人が登録している防護標章と同一の範囲については登録できない。

13号：（商標権消滅後から1年経過前の同一・類似範囲は登録できないこととなっていたが，平成23年改正により削除）

14号：種苗法の規定により品種登録を受けた品種の名称と同一・類似の商標であって，その品種の種苗またはこれに類似する商品・役務について使用をするもの

15号：他人の業務に係る商品・役務と混同を生ずるおそれがある商標

例えば，他人の著名な商標と同一・類似の商標を，当該他人が扱う商品・役務とは非類似の商品・役務について使用した場合におい

て，その商品・役務が著名な商標の所有者もしくはこの社と何らかの関係がある者によって製造・販売され，あるいは役務の提供があったかのような印象を与えるときなどが該当する。

③ その他，商品・役務との関係を重視して登録を排除するもの

16号：商品の品質・役務の質の誤認を生ずるおそれがある商標

例）商品「ビール」について「○○ウィスキー」，役務「自動車による輸送」について「△△空輸」など

17号：ぶどう酒・蒸留酒の産地を含む商標であって，当該産地以外の地域を産地とするぶどう酒・蒸留酒について使用をするもの

例）「ボルドー」という地理的表示のみの商標または当該地理的表示を含む商標を日本産のワインについて使用する場合など

18号：商品・役務・商品の包装が当然に備える特徴のうち政令で定めるもののみからなる商標

例）丸くせざるを得ない自動車のタイヤ

19号：他人の業務に係る商品・役務を表示するものとして日本国内・外国における需要者の間に広く認識されている商標と同一・類似の商標であって，不正の目的（不当利得・加害目的）をもって使用をするもの

例）日本で未登録の外国で周知な他人の商標を，高額で買い取らせるために先取り的に出願する場合や，全国的に著名な商標と同一・類似の商標について，その名声を毀損させる目的をもって出願する場合

④ 判断時

一般的登録要件や後述の不登録事由に該当するかは，行政法の原則として，登録時（査定時）において判断される。

ただし，例外的に，不登録事由のうち，8号・10号・15号・17号・19号については，登録時と出願時の両方において該当している必要がある（商4条3項，両時判断）。

演習問題にチャレンジ!

1回目	月　日	2回目	月　日	3回目	月　日

▶ 本テーマの出題例

③実 34-20

②学 34-5　②実 32-7～12

選択肢を○×で答えてみよう！

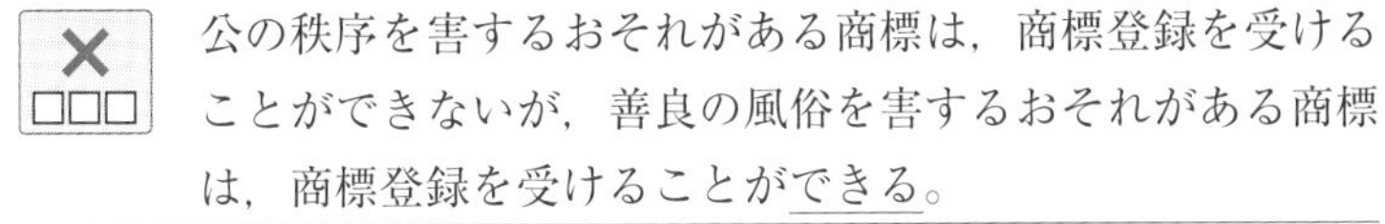

× □□□　公の秩序を害するおそれがある商標は，商標登録を受けることができないが，善良の風俗を害するおそれがある商標は，商標登録を受けることができる。

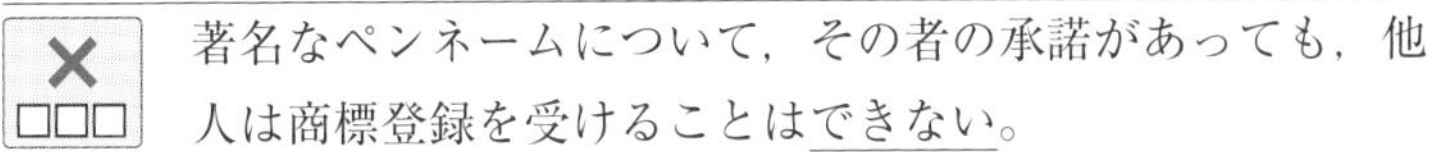

× □□□　著名なペンネームについて，その者の承諾があっても，他人は商標登録を受けることはできない。

○ □□□　商品Xに使用され，ある一地方で広く認識されている商標と同一の商標について，商品Xに類似する商品Yを指定して出願した場合でも，登録を受けられない。

○ □□□　Aは，商品Xについて「ベニウメ」と振り仮名がされた商標「紅梅」を登録している場合において，Bが商品Xについて商標「コウバイ」の出願をしても，登録を受けられない。

○ □□□　海外の有名ブランド名について，日本で商標登録出願されていないとしても，外国の権利者の国内参入を阻止しようとして出願したような場合は，商標登録を受けることはできない。

2 商標登録要件③

重要部分をマスター!

⑷ 主体的要件

① 原則

商標は使用しないと業務上の信用が化体しないため，将来的に使用することが要求される。よって，自己の業務に係る商品・役務について使用をする商標であることが要件となっている（商3条1項柱書）。

ここがポイント!

> 将来的に使用すればよいため，出願時点で自己の業務が存在していなくても構いません。

② 例外

例外的に，自己の業務で使用しなくても登録を認める制度が団体商標である。事業者を構成員に有する団体が，その構成員に使用させるための商標について登録を受けることができ（商7条2項），地域おこしや特定の業界の活性化のために，団体が中心となって，独自ブランドによる特産品づくりをすることができる。

また，地域の名称と商品名とを組み合わせた商標が識別力を獲得するより早い段階で登録を受けられるように地域団体商標が設けられている（商7条の2）。登録を受ける団体自身が使用する必要はないが，前述3条1項3号の記述的商標に該当する産地等について周知性を有することが必要である。

例）関サバ，信州味噌

演習問題にチャレンジ!

1回目	月　日	2回目	月　日	3回目	月　日

▶ 本テーマの出題例

③実 33-30

選択肢を◯×で答えてみよう！

× □□□ 商標登録されるためには，出願時点で，当該商標を使用する計画がなければならない。

○ □□□ 自己の業務で使用する商標でなくても，商標登録を受けることができる場合がある。

× □□□ 団体商標として登録されるためには，当該団体名について周知性を獲得していることが要求される。

○ □□□ 地域団体商標として登録するためには，当該商標中に地域の名称が含まれていなければならない。

3 出願の手続と登録①

重要部分をマスター!

(1) 出願書類

商標登録出願には，願書を提出する必要がある（商5条）。

特許のような明細書や図面は必要ないが，願書において，出願人の氏名・住所とともに登録を受けようとする商標，指定商品・役務とその区分を記載する必要がある。

ここがポイント!

> 図面は特許出願においては必須の書類ではありませんが，保護対象が物品の形状等に限られる実用新案登録出願においては必須書類となっています。

商品・役務の区分は全部で45類（商品34類・役務11類）に分類されており，さらに各類に属する具体的な商品・役務例が施行規則の別表に記載されている。

指定する商品・役務が複数にわたるときは，区分ごとに分けて記載する必要があり，1つの出願で商品・役務を複数指定することは可能だが（一出願多区分制），1つの出願に複数の商標を含むことはできない（一商標一出願の原則）。

(2) 出願後の手続の流れ

① 出願公開

商標登録出願をすると，出願の内容が公開される（商12条の2）。第三者が出願内容を知らずに同一商標の使用を開始することを防ぐためである。

② 出願の審査

出願をすると，すべての出願について書類の不備のチェックをする方式審査が行われる。不備がなければ，続いて審査官による実体審査が行われる。

ここがポイント!

> 特許と異なり，審査請求制度はなく，出願されたものすべてが審査されます。

審査官は，先に出願・登録された商標と同一・類似の商標でないかなど，拒絶理由（商15条）に該当するか否かをチェックし，審査の結果，拒絶の理由がなく登録できると判断すれば，登録査定がなされる。

審査官が，拒絶理由に該当するとの心証をもった場合は，そのまま審査の最終決定である拒絶査定をするのではなく，事前に出願人に拒絶理由通知をし，意見を述べる機会を与える（商15条の2）。

出願人は拒絶理由通知に対して，意見書を提出して意見を述べたり，手続補正書を提出して内容を修正したりできる。これにより拒絶理由が解消されたと審査官が判断すれば，登録査定がなされ，それでも解消されないと判断すれば，審査段階の最終決定である拒絶査定がなされる。

なお，補正は無制限にできるわけではなく，例えば登録を受けようとする商標を補正するような，要旨を変更する補正はできない（商16条の2）。登録を受けようとする商品・役務の区分については，削除したり正しい区分に是正する補正は認められるが，別の商品・役務に変更する場合は要旨変更となる。

要旨変更となる補正をした場合には，その補正は却下される。

③ 出願の分割

指定商品·役務の一部に拒絶理由がある場合，その部分を分割（商10条）することによって，拒絶理由がない指定商品・役務について速やかに登録を受け，拒絶理由のある指定商品・役務だけで争うことができる。

④ 出願の変更

通常の商標登録出願を後述する防護標章登録出願に，また団体商標の商標登録出願，地域団体商標の商標登録出願に，相互に変更することができる（商11～12条）。

ここがポイント!

特許出願や意匠登録出願に変更することはできません。

⑶　防護標章登録出願

商標権の類似範囲については，業務上の信用を保護し，需要者の保護を図るため，他人の使用が禁止されているが，業務上の信用は事実上のものであることから，著名な商標の場合などは類似範囲でなくても需要者に混同を生じさせることがある。

そのため，以下の要件を満たす場合に，防護標章登録を認めて，禁止的効力を拡大している。

①登録商標が著名であること
②その登録商標と同一の標章について登録するものであること
③他人がその標章を非類似商品・役務に使用すると混同を生ずるおそれがあるものであること

【防護標章登録による禁止的効力の拡大】

		指定商品・役務		
		同　一	類　似	非類似
登録商標	同　一	専用権（商25条）	禁止権（商37条1号）	防護標章による禁止権（商67条1号）
	類　似	禁止権（商37条1号）	禁止権（商37条1号）	×
	非類似	×	×	×

演習問題にチャレンジ！

1回目	月　日	2回目	月　日	3回目	月　日

▶ 本テーマの出題例

③学34-8　③学34-13　③学33-8　③学32-25
②学33-9　②学33-16

選択肢を○×で答えてみよう！

解答	選択肢
○ □□□	出願に係る商標を使用する商品・役務が「時計」と「眼鏡」であっても，これら２つを１つにまとめて出願することができる。
○ □□□	複数の商標が類似しているときであっても，１つの出願にまとめて出願することはできない。
× □□□	商標法には，出願公開制度は採用されていない。
× □□□	商標登録出願は，出願審査請求がされたものから順に実体審査が開始される。
× □□□	商標登録出願について，拒絶理由通知を受け取った際には，意見書の提出はできるが，補正書の提出はできない。
× □□□	商標登録出願について要旨変更となる補正をすると，その出願が却下される。
○ □□□	商標登録出願は，意匠登録出願へ出願変更することができない。

3 出願の手続と登録②

重要部分をマスター!

(4) 商標権の発生と管理

① 設定登録

商標登録出願をした後，登録査定がなされ，登録査定の謄本の送達があった日から30日以内に登録料を納付すれば，設定登録がされ商標権が発生する（商18条）。

登録料は，存続期間10年分を一括納付することも，前半の5年と後半の5年とで分割納付することもできる（商40条，41条の2）。

・10年分一括納付：1件につき28,200円×区分の数

・5年分分割納付 ：1件につき96,400円×区分の数（法改正 H28）

設定登録がされると，商標掲載公報が発行される。

② 存続期間と更新

商標が設定登録されると商標権が発生し，設定登録の日から10年をもって終了する（商19条）。

しかし，商標に化体した業務上の信用は長く使用を続ければ蓄積し続けるものであり，有限にすることは適当ではなく，一方で登録後に使用しなくなった商標にいつまでも独占権を与えることは適当ではない。

そこで，更新制度を設けて，10年の存続期間を更新させて，半永久的な保護が可能とした。

更新は，商標権者自らが更新登録の申請を存続期間の満了前6ヶ月から満了の日までにしなければならない（商19条2項，20条2項）。存続期間の経過後であっても一定期間内であれば倍額の登録料を払うことで登録が可能であり，さらに更新申請をできなかった正当な理由があるときは，一定条件の下で商標権の回復ができる（商21条）。

演習問題にチャレンジ!

1回目	月 日	2回目	月 日	3回目	月 日

▶ 本テーマの出題例

③学33-13 ③学33-22 ③実33-17 ③実33-20 ③学32-14 ③実32-28・29
②学32-11

選択肢を〇×で答えてみよう！

〇 □□□ 商標権は，登録査定がされるだけでなく，登録料を納付して初めて発生する。

〇 □□□ 商標権の登録料は，一括して納付することも，分割して納付することもできる。

× □□□ 商標権の存続期間は，出願日から５年である。

× □□□ 商標権の存続期間は一度だけ更新することができる。

× □□□ 商標権について通常使用権が設定されているときは，その商標権の更新登録申請は，当該通常使用権者が行うことができる。

× □□□ 商標権の存続期間の更新登録の申請は，存続期間の満了日を経過した後は，その申請をすることができない。

4 商標権の効力①

重要部分をマスター！

⑴　商標権の効力と効力の及ばない範囲

商標権は，前述の通り，登録商標の同一範囲については専用権が，類似する範囲または防護標章登録をした範囲については禁止権が認められている（商25条，37条1号）。

しかし，専用権・禁止権の範囲でも効力が及ばない範囲がある。本来，拒絶理由に該当する商標が誤って登録された場合や事業活動をする上で避けて通れない商標について，第三者の自由な使用を保障するために，一定の場合に効力が制限される（商26条1項各号）。

①自己の肖像・氏名等を普通に用いられる方法で表示する商標（1号）

②指定商品・役務またはその類似商品・役務の普通名称・産地・品質等を普通に用いられる方法で表示する商標（2号・3号）

③指定商品・役務またはその類似商品・役務について慣用されている商標（4号）

④商品等が当然に備える特徴のうち政令で定めるもののみからなる商標（5号）

⑤需要者が何人かの業務に係る商品・役務であることを認識することができる態様により使用されていない商標（6号）

ここがポイント！

6号は商標的使用態様とも呼ばれ，平成26年改正で設けられる前から判例で認められてきていたものです。

演習問題にチャレンジ！

1回目	月　日	2回目	月　日	3回目	月　日

▶ 本テーマの出題例

③実34-13　③学32-20
②学33-30　②学32-8

選択肢を○×で答えてみよう！

× □□□ 「吉田」という登録商標がある場合には，登録商標と同一の商品に「吉田」と表示して販売することは，たとえ吉田という名前の人物であっても商標権の侵害となる。

○ □□□ 商標権の効力は，他人が商品の形状を普通に用いられる方法で表示する商標には及ばない。

○ □□□ 指定商品「ダンボール」についての登録商標「巨峰」が存在する場合に，第三者がダンボールに「巨峰」と記して，ぶどうとしての巨峰を詰めて販売する行為は，商標権の侵害とならない場合がある。

4 商標権の効力②

重要部分をマスター!

(2) 先使用権

先に出願した者に商標権が付与される先願主義のため，出願日よりも先に使用を開始していたという場合がある。商標法は，業務上の信用を保護するものであるから，出願日前から使用していた商標に化体された信用もまた保護されるべきであり，次の要件を満たしていれば，継続的な使用が認められる（商32条1項）。

①出願日前に使用していた商標が，周知性を獲得していること
②その使用している者が不正競争の目的を有していないこと
⇒商標の先使用権は，業務上の信用を保護するものなので，特許と異なり周知性が必要とされる

先使用権者に使用を認める代わりに，商標権者は先使用権者に対して，混同防止表示請求をすることができる（同2項）。

演習問題にチャレンジ!

1回目	月　日	2回目	月　日	3回目	月　日

▶本テーマの出題例

③実33-17

—— 選択肢を○×で答えてみよう！ ——

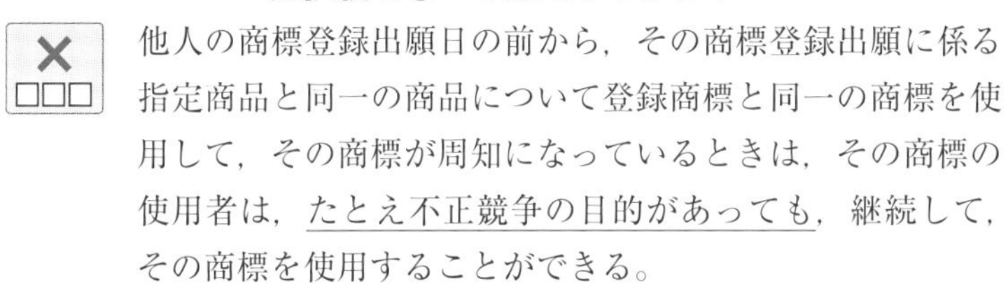

× □□□　他人の商標登録出願日の前から，その商標登録出願に係る指定商品と同一の商品について登録商標と同一の商標を使用して，その商標が周知になっているときは，その商標の使用者は，たとえ不正競争の目的があっても，継続して，その商標を使用することができる。

× □□□　他人の商標登録出願日の前から，その商標登録出願に係る指定商品と同一の商品について登録商標と同一の商標を使用しているときは，その商標の使用者が不正競争の目的を有していない限り，当該商標が周知になっていなくとも，使用を継続することができる。

○ □□□　他人の商標登録出願日の前から，その商標登録出願に係る指定商品と同一の商品について登録商標と同一の商標を使用している者に継続して使用を認める場合には，商標権者は先使用権者に対して，混同防止表示請求をすることができる。

5 商標登録の取消しと無効

重要部分をマスター!

(1) 異議申立てと無効審判

所定の理由がある場合には，商標登録が取り消されたり無効とされたりすることがある。

① 異議の申立て

商標登録後も，商標掲載公報発行の日から２月以内であれば，何人も特許庁長官に対して異議の申立てを行うことができる（商43条の２）。

異議申立てがあった場合，審判官による審理が行われ，所定の取消理由があると判断された場合には，登録は取り消され，商標権は初めからなかったものとされる（遡及効，商43条の３第３項）。

② 無効審判

商３条や４条などの規定に違反した商標が誤って商標登録された場合や，商標登録後に無効理由が生じた場合には，利害関係人は商標登録の無効審判を請求して，無効にすることができる（商46条）。

一定の私益的な無効理由については，５年の除斥期間が設けられており，期間経過後は無効審判の請求ができない（商47条）。

これは，登録後一定期間経過するとその商標に信用が化体するため，無効にする利益よりもすでに生じている信用を優先させたものである。

ここがポイント!

公益的な無効理由については，信用を優先させることが適当ではないため，除斥期間が設けられていません。

(2) 取消審判

① 不使用取消審判

商標に化体された需要者の信用を保護するために，権利者に専用権および禁止権を認めていることから，実際に使用されていない商標には信用が化体せず，保護を与え続ける必要はない。

そこで，以下の要件に該当するときは，何人も登録商標の取消審判を請求して取消しをすることができる（商50条1項）。

請求は，指定商品・役務ごとにすることができる。

・継続して3年以上使用されていないこと
・日本国内で使用されていないこと
・商標権者・使用権者のいずれもが使用していないこと
・その指定商品・役務について使用されていないこと

これに対し，商標権者（または使用権者のいずれか）が使用していたことを立証できない場合には，商標権は審判請求の登録の日に遡って消滅する（商50条2項，54条2項）。

なお，不使用取消審判の請求がされることを知ってから，取消しを免れるために駆け込み使用を始めても，取消しを免れることはできない（商50条3項）。

ここがポイント!

使用と認められる範囲は，社会通念上同一と認められるものを含み，例えば登録商標が横書きで表示されているときに，実際の使用は縦書きのみであったという場合も該当し，不使用とはされません（商38条5項かっこ書）。一方で，類似する商品・役務に使用していても取消しを免れることはできません。

② 不正使用取消審判

不使用ではなく，使用していた場合でも，商標権者が禁止権の範囲内で，品質の誤認や出所の混同を招くような不正な方法で登録商標または登録商標に類似する商標を使用した場合には，何人も，その商標登録を取り消すことについて審判を請求することができる（商51条）。

取消しとなった場合には，商標権は取消審決が確定したときに消滅する（商 54 条 1 項）。

ここがポイント!

> 登録そのものに瑕疵があるわけではないので，取消審判の場合は無効審判のように初めに遡ってなかったことになる遡及効ではありません。不使用取消審判は請求日から，不正使用取消審判は審決確定日からの将来効となります。

また，商標権者は，ライセンスをした専用使用権者・通常使用権者に対して管理責任がある。そのため，これら使用権者が禁止権の範囲内で，品質の誤認や出所の混同を招くような不正な方法で登録商標または登録商標に類似する商標を使用した場合には，何人も，当該商標登録を取り消すことについて審判を請求することができる（商 53 条）。ただし，当該商標権者がその事実を知らなかった場合において，相当の注意をしていたときを除く。

取消しとなった場合には，商標権は取消審決が確定したときに消滅する（商 54 条 1 項）。

他にも，商標権の分割移転によって混同等が生じた場合に取消審判を請求できる（商 52 条の 2）。

演習問題にチャレンジ!

1回目	月　日	2回目	月　日	3回目	月　日

本テーマの出題例

③学34-25　③実34-28〜30　③学32-14　③学32-20
②学34-33　②実34-11・12　②学33-1　②学33-16　②学32-34　②実32-22

選択肢を◯×で答えてみよう！

× □□□ 商標登録異議申立ては，利害関係人に限り，設定登録の日から６カ月以内に行うことができる。

◯ □□□ 商標登録に対する無効審判は，無効理由によっては，いつでも請求することができるわけではない。

◯ □□□ 不使用取消審判は，利害関係人でなくても請求することができる。

◯ □□□ 不使用取消審判においては，通常使用権者が登録商標を指定商品に使用していれば，商標権者が登録商標を使用していなくても，その登録は取り消されない。

◯ □□□ 登録商標は，たとえその商標権者であっても，不正に使用されているときは，その登録が取り消される場合がある。

× □□□ 商標権者から正当に使用許諾を受けた通常使用権者が商標を不正に使用したことで商品の品質誤認を生じている場合には，利害関係人に限り，不正使用取消審判を請求することができる。

著作権法

1.著作権法の特徴
2.著作物の定義と例示
3.特殊な著作物
4.保護される著作物
5.著作者と権利の帰属
6.著作者人格権とその種類
7.著作権とその種類
8.著作権が制限される場合
9.著作権の保護期間
10.著作隣接権・出版権
11.権利の活用
12.民事上の措置・刑事罰

ハードである媒体が特許権や意匠権などで保護されるのに対し，ソフトであるコンテンツは主に著作権法で保護されます。特許法と同じく創作法ですが，異なる点も多いので，特許法と比較しながら学習するとよいでしょう。

1 著作権法の特徴

重要部分をマスター！

(1) 著作権法の法目的

特許法などが産業の発達という経済発展への寄与を目的としているのに対して，著作権法は，「**文化の発展**」への寄与を目的とする（著1条）。

文化の多様性を保護するため，保護する対象は表現であってアイデアそのものではなく，どれだけ斬新なものであっても，実際に表現されたものでないと保護されない（**アイデア・表現の二分論**）。

禁止されるべきは他人の成果物の模倣であって，自己の創作であれば他人の著作物と似ていても著作権侵害とはならない（**相対的独占権**）。

ここがポイント！

先に創作したか否かは，あまり関係ないため，特許法などのような先願主義や先創作主義といった概念はありません。ただし，先に創作したと証明できれば，模倣していないという証拠にはなります。

(2) 著作権法の特徴

著作権法は，特許法と同じく創作者に独占権を付与してその利益を守る保護形式は同じだが，権利の発生に特別な手続を必要としない点で異なる（著17条2項，**無方式主義**）。

また，著作者を保護するだけでなく，利用者との調和を図り，著作物を広く世に伝達する者にも一定の独占的な地位を与えている（**著作隣接**権・**出版**権）。

演習問題にチャレンジ!

1回目	月　日	2回目	月　日	3回目	月　日

▶ 本テーマの出題例

③学34-11　③学33-7　③学33-25　③学32-10
②学34-15　②学34-31　②実34-28　②学33-5

選択肢を○×で答えてみよう！

○ □□□　著作権法の法目的は，産業の発達ではなく文化の発展に寄与することである。

× □□□　自ら創作した著作物よりも前に創作された他人の著作物が存在していた場合，模倣したわけではなく偶然同じ内容であったとしても，その他人の著作権を侵害することになる。

× □□□　同じ表現の著作物が複数存在していた場合，先に創作した方に著作権が付与されることになる。

○ □□□　著作者が登録手続をしなくても，著作物を創作した時点で著作権が発生する。

× □□□　著作権を主張するためには，その著作物に © マークと著作権者の氏名及び創作した年度を表示しなければならない。

× □□□　著作物を創作していない人に著作権法上の独占権が付与されることはない。

× □□□　著作者には，著作権以外にも著作者人格権と著作隣接権が付与される。

2 著作物の定義と例示①

重要部分をマスター！

(1) 著作物の定義

著作物とは，思想または感情を創作的に表現したものであって，文芸，学術，美術または音楽の範囲に属するもの（著2条1項1号）。

登録によって権利が発生するわけではないため，著作物の定義規定は，要件であると同時に，保護範囲となる。

【著作物の定義規定】

①人の思想・感情が表されていること	・単なる事実やデータは該当しない ・客観的な事実・データを素材としていても地図や新聞記事など作成者の考えが表されていれば該当する
②創作性	・特許法のような高度性や芸術性は必要なく，個性の発露があればよいとされる（表現に選択の幅があれば認められやすい） ・単に費用や労力をかけただけでは要件を満たさない（額の汗と呼ばれる）
③表現≠アイデア	・どれだけ斬新なアイデアであっても，具体的に表現されたものでなければならない ・アイデアが共通していても，具体的な表現が異なれば，別の著作物とされる
④文芸・学術・美術・音楽の範囲	・例示とされ，これらに限定されず，知的・文化的精神活動の所産全般を指す ・工業製品は除かれるが，応用美術は該当するとした裁判例がある
⑤固定性	・媒体に固定することは原則として必要ない（例：楽譜に記されない即興演奏） ・映画のみ固定性が必要と解されている（著2条3項）

演習問題にチャレンジ!

1回目	月　日	2回目	月　日	3回目	月　日

本テーマの出題例

③学34-20　③学33-19　③学32-1
②学33-11　②学32-14　②実32-17・18

選択肢を○×で答えてみよう！

著作物とは，思想又は感情を創作的に表現したものであって，公然と知られていないものをいう。

プロが描いた絵でなくても，著作物に該当する。

頭の中にあって表現されていないアイデアについても，著作物として保護される場合がある。

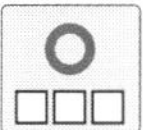

スーパーの防犯ビデオカメラに自動的に録画された，万引きの様子の映像は著作物とはならない。

映画を除き，物への固定が要件とされている著作物はない。

著作物は，文化の発展に寄与するものでなければならない。

料理そのものは著作物ではないが，料理の写真は著作物となる。

2 著作物の定義と例示②

重要部分をマスター!

⑵ 著作物の例示

著作権法には，著作物の定義（著2条1項1号）以外に，例示規定が存在する（同10条1項各号）。

ここがポイント!

例示であるため，どれかに必ず該当しなければならないわけではありません。しかし，種類によっては保護範囲が異なる場合があるため，いずれに該当するかは重要なポイントとなります。

①小説，脚本，論文，講演その他の言語の著作物
②音楽の著作物
③舞踊または無言劇の著作物
④絵画，版画，彫刻その他の美術の著作物
⑤建築の著作物
⑥地図または学術的な性質を有する図面，図表，模型その他の図形の著作物（一見，地図は事実のみで表現されているが，絵を入れる，地点の取捨選択など表現の余地があるとされている）
⑦映画の著作物
⑧写真の著作物
⑨プログラムの著作物

ここがポイント!

美術については美術工芸品について著2条2項，映画については同3項が規定されているので，後述の⑷を参照してください。また，言語については同10条2項，プログラムについては同3項に該当しないものの例が規定されているので，後述の⑶を参照してください。

⑶ 該当しないものの例

①事実の伝達にすぎない雑報および時事の報道（著10条2項）

⇒人事異動や死亡記事のように表現の創作の余地のないもの，言語の著作物のみが対象で，報道写真は該当する

②プログラム言語，規約，解法（著10条3項）

⇒表現されたものではないもの

⑷ 論点

① 実用品と応用美術

応用美術のうち，美術工芸品については美術の著作物に含むと規定されている（著2条2項）。

この規定は，一品製作ではない量産される実用品も含まれるのか争いがあるが，認めた裁判例もいくつか存在する。

実用品である印刷用書体（タイプフェイス）について，平成12年最高裁判決（ゴナU事件）で，原則否定説に立った上で，例外的に著作物性が認められる要件が示された。

『従来の印刷用書体に比して顕著な特徴を有するといった独創性を備えることが必要であり，かつ，それ自体が美的鑑賞の対象となり得る美的特性を備えていなければならない』

なお，「書」が著作物として保護されることに変わりはない。

ここがポイント!

> 意匠権と著作権との間には，ともに有効に成立した後の権利抵触の規定があるものの（意26条），著作権の保護と意匠権の取得は関連しないため，応用美術について意匠権を取得した場合であっても，著作物として保護されることがあります。

② ゲームソフト

映画の著作物には，「映画の効果に類似する視覚的または視聴覚的効果を生じさせる方法で表現され，かつ，物に固定されている著作物」が含まれるため（著2条3項），録画されたビデオテープや

DVD ソフトなどが該当する。

これに関連して，平成 14 年最高裁判決（中古ゲームソフト事件）では，テレビゲームソフトの影像・音声も映画の著作物に該当すると判示された。

ここがポイント!

著２条３項の反対解釈から，映画の著作物についてだけは，物に固定されていることが要件となると解されています。

演習問題にチャレンジ!

1回目	月　日	2回目	月　日	3回目	月　日

本テーマの出題例

③学34-20　③学33-1　③学33-19　③学32-1　③学32-29
②学34-24　②学34-31　②学33-11　②学32-14　②実32-17・18

選択肢を○×で答えてみよう！

× □□□ 著作物は，著作権法に列挙されているものに限られる。

× □□□ ソフトウェアのプログラムは文芸等の範囲に属さないので著作物ではない。

○ □□□ 舞踊は，著作権法上の保護対象となる。

× □□□ 地図は，著作権法上の保護対象となるが，図面は著作物として保護されない。

× □□□ 美術の著作物には，絵画，版画，彫刻が該当するが，美術工芸品は美術の著作物に含まれない。

× □□□ 事実の伝達にすぎない雑報及び時事の報道であっても，言語で書かれたものは著作物に該当する。

× □□□ 事実の伝達にすぎない報道写真は，著作物に該当しない。

× □□□ プログラムの著作物には，プログラムを作成するためのプログラム言語，規約及び解法も含まれる。

3 特殊な著作物

重要部分をマスター！

(1) 二次的著作物

二次的著作物とは，著作物を翻訳し，編曲し，もしくは変形し，または脚色し，映画化し，その他翻案することにより創作した著作物をいう（著2条1項11号）。

既存の著作物に依拠して作成された新しい著作物であり，もととなった著作物を「原著作物」といい，その著作者の許諾を得なくても，該当する。

【二次的著作物の4類型】

翻訳	ある言語で表現された文章の内容を他の言語に直すこと
編曲	楽曲を改編すること
変形	表現形式を変えること，例えば漫画のフィギュア化のように二次元から三次元へ表現形式を変えること
翻案	大筋をまねて細かい点を変えて作り直すことで，平成13年最高裁判決「江差追分事件」では言語の著作物の翻案について「既存の著作物に依拠し，かつ，その表現上の本質的な特徴の同一性を維持しつつ，具体的表現に修正，増減，変更等を加えて，新たに思想または感情を創作的に表現することにより，これに接する者が既存の著作物の表現上の本質的な特徴を直接感得することのできる別の著作物を創作する行為」と判示された

ここがポイント！

二次的著作物に対する保護は，原著作物の著作者の権利に影響を及ぼさないとされます（著11条）。一方で，二次的著作物の権利範囲については，平成９年最高裁判決「ポパイ事件」で新たに付与された創作的部分のみについて生じ，原著作物と共通し，その実質を同じくする部分には，半永久的に保護されず認められないと判断されました。

⑵ 編集著作物

編集著作物とは，編集物でその素材の選択または配列によって創作性を有するものをいう（著12条1項）。

素材の選択・配列に創作性があればよいのであって，素材自体が著作物であるか否かにかかわらず編集物そのものが編集著作物となる。

一方で，著作物が素材であっても，編集著作物が成立するために，その素材の著作者の許諾を得る必要はない。

編集著作物の要件は「選択または配列」となっているため，選択のみまたは配列のみが創作性を有していれば編集著作物となる。

しかし，選択の基準や配列のルール・視点といったアイデアを保護するものではないため，素材が異なれば編集方法が同一でも編集著作物の著作権の侵害とはならない（例：東京都の職業別電話帳の編集方針に基づく大阪府の電話帳を作成した場合）。

また，素材のみを利用されたとしても，編集著作物を利用したことにはならないため，編集著作物の著作権侵害とはならない。

編集著作物の著作権は，編集物の部分を構成する著作物の著作者の権利に影響を及ぼさないため（著12条2項），編集著作物をそのまま複製した場合は，編集著作物の著作権侵害と同時に，複製された素材の著作物の著作権侵害ともなる。

⑶ データベースの著作物

データベースとは，論文や数値など情報の集合物であって，それらの情報を電子計算機を用いて検索ができるように体系的に構成されたものであり（著2条1項10号の3），手書きの集積データは該当しない。

データベースの著作物とは，データベースでその情報の選択または体系的な構成によって創作性を有するものを指す（著12条の2）。

基本的に編集著作物と同様で，選択または体系的な構成に創作性があればよく，個々のデータとデータベースの関係も同じである。

データベースの著作物を複製すると，データベースの著作物とデータベースの構成部分の情報に関する著作物について，両方の著作権を侵害することとなる（著12条の2第2項）。

演習問題にチャレンジ!

1回目	月 日	2回目	月 日	3回目	月 日

本テーマの出題例

③実34-9・10 ③学33-1 ③学32-5 ③学32-26
②実33-17・18 ②実33-38～40 ②学32-14 ②実32-13・14

選択肢を○×で答えてみよう!

× □□□ 既存の小説の著作者に無断でその二次的著作物である翻訳小説を作成しても，著作物として保護されない。

○ □□□ 原著作物の翻訳，映画化，編曲など，原著作物に新たな創作性を加えることにより創作された著作物は，二次的著作物となる。

× □□□ 著作物を翻訳したものは，その著作物を原著作物とする二次的著作物となるが，著作物を変形しても，二次的著作物とはならない。

○ □□□ 二次的著作物と言えるためには，原著作物の表現上の本質的特徴の同一性が維持されていなければならない。

× □□□ 編集著作物として保護されるためには，素材の選択及び配列の両方に創作性を有さなければならない。

× □□□ 編集物の素材自体が著作物である場合に限り，編集著作物として保護される。

× □□□ データベースでその情報の選択又は体系的な構成により，有用性を有するものがデータベースの著作物として保護される。

4 保護される著作物

重要部分をマスター!

(1) 保護される著作物

著作物に該当しても，以下のいずれかに該当しないと日本では保護されない（著6条各号）。

① 日本国民の創作した著作物（1号）

日本法を設立準拠法とする法人や国内に主たる事務所を有する法人を含み（同号かっこ書），共同著作物の場合は著作者の1人が日本国民であればよいと解されている。

② 最初に国内で発行された著作物（2号）

国外で発行されてから30日以内に国内発行されたものを含む(同号かっこ書)。

③ 条約により我が国が保護の義務を負う著作物（3号）

3号によりほぼすべての著作物が保護される（保護されないのは，条約の未加盟国の国民が未加盟国で最初に発行し，30日以内に加盟国で発行されなかった著作物のみ）。

(2) 保護されない著作物

著作物に該当しても，以下のいずれかに該当すると保護されない（著13条各号）。

①憲法その他の法令
②国等が発する告示・訓令・通達など
③裁判所の判決等，また行政庁の裁決等で裁判に準ずるもの
④上記①〜③の翻訳物・編集物で国等が作成するもの

ここがポイント!

④は国等が作成するものに限られ，私人が翻訳・編集したものは該当しません。また，編集物だけなのでデータベースは国等が作成したものでも保護されることになります。

演習問題にチャレンジ!

1回目	月　日	2回目	月　日	3回目	月　日

本テーマの出題例

③実34-7・8 ③実34-25 ③学33-1

②学34-31 ②実34-15・16 ②学33-11 ②学33-22 ②実33-15・16 ②学32-14

選択肢を○×で答えてみよう！

○ □□□ 日本国民でない者が，最初に国外で発行した著作物であっても，日本の著作権法で保護される場合がある。

× □□□ 日本国民の著作物であっても，国外で最初に発行された著作物は，その発行から30日以内に国内で発行しないと，日本の著作権法による保護を受けられない。

○ □□□ 著作者のうちの1人が日本国民であれば，我が国で必ず保護される。

○ □□□ 著作権法の条文は，著作権法で保護されない。

○ □□□ 著作権侵害事件についての裁判所の判決文は，自由に利用することができる。

× □□□ 法令を英語に翻訳したものは，たとえ個人で作成したものであっても，著作権法で保護されない。

5 著作者と権利の帰属①

重要部分をマスター!

(1) 著作権の帰属主体

著作者に，著作権と著作者人格権が帰属する（著 17 条 1 項）。

著作者とは，著作物を創作する者をいう（著 2 条 1 項 2 号）。

ここがポイント!

> 創作に関与することが必要であり，単なる補助者や資金提供をしただけの者，アイデアを提供しただけの者は，著作者に該当しません。逆に言えば，創作に関与していれば，子どもでもアマチュアでも著作者に該当します。

著作物の原作品や公衆への提供・提示に際して，通常の方法で表示されている者は著作者と推定される（著 14 条）。

ここがポイント!

> あくまでも推定なので，反証があれば覆（くつがえ）されます。争いになったときに，自分が著作者であることを立証することは困難なため，相手方に立証の責任を転換しているのです。なお，Ⓒマークは著作権者の表示なので，著作者の推定にはなりません。

(2) 共同著作

共同著作物とは，2 人以上の者が共同して創作した著作物であって，各人の寄与を分離して個別的に利用することができないものをいう（著 2 条 1 項 12 号）。

小説と挿絵や歌詞と楽曲の関係は，分離して個別的に利用できるので，共同著作物ではなく，結合著作物となる。

また，共同して創作していない論文集などは集合著作物と呼ばれる。

演習問題にチャレンジ!

1回目	月　日	2回目	月　日	3回目	月　日

本テーマの出題例

③実 34-11・12　③学 33-4
②実 32-15・16

選択肢を○×で答えてみよう！

解答	問題
× □□□	未成年者は著作者となることができない。
○ □□□	映画のテーマを思いついただけの者はたとえ斬新なものであっても著作者とならない。
× □□□	美術品に通常の方法で氏名が表示されているときは，その表示者が著作者とみなされる。
× □□□	共同著作物とは，２人以上の者が共同して創作した著作物であって，その各人の寄与を分離して個別的に利用することができるものをいう。
○ □□□	座談会の記事は，その発言者ごとの発言をそれぞれ明確に表示している場合には，共同著作物とはならない。

5 著作者と権利の帰属②

重要部分をマスター!

(3) 職務著作

① 職務著作の効果

特許法の職務発明と異なり，法人その他の使用者が著作者となるため（著15条1項），実際に作成した従業者から権利譲渡を受ける必要がない。

ここがポイント!

後述する著作者人格権は譲渡できない権利ですが，職務著作が成立すれば，実際に著作物を作成していない法人等に，著作者人格権が帰属することになります。

② 職務著作の要件

a．法人等の発意に基づくもの

b．法人等の業務に従事する者が，職務上作成するもの

c．法人等が自己の名義の下に公表するもの

d．作成時に契約等の別段の定めがないこと

プログラムの著作物はcの要件が除外（著15条2項）

ここがポイント!

aの発意は使用者の命令でなく従業員からの発案でも該当します。bは雇用関係ある者は当然ですが，雇用関係がなくても，実質的に使用者の指揮監督下において労務を提供し，使用者がその労務提供の対価を支払う関係にある者も含まれるとされます。cは報道写真のようにまだ実際に公表されていなくても，公表するとなれば使用者の名義となるものも含まれます。dは作成時に必要で，創作後に締結しても職務著作とはなりません。

演習問題にチャレンジ!

1回目	月　日	2回目	月　日	3回目	月　日

▶本テーマの出題例

③実34-21　③学33-4
②学34-3　②学34-6　②実32-20　②実32-38

選択肢を○×で答えてみよう!

× □□□ 職務著作が成立すると，実際に作成した従業員に著作者人格権が帰属するが，その使用者に著作権が帰属する。

○ □□□ 使用者が命令して作成したものでなくても，その使用者が著作者となる場合がある。

○ □□□ プログラムの著作物については，そのプログラムの複製物のパッケージにプログラマーの氏名が著作者として表示されていても，職務著作が成立する場合がある。

× □□□ 法人等の業務に従事する者が職務上作成した著作物であっても，実際に公表されることがなければ職務著作とはならない。

× □□□ 職務著作が成立するためには，その著作物を公表する時点で，契約や就業規則に別段の定めがないことが必要である。

5 著作者と権利の帰属③

重要部分をマスター!

(4) 映画の著作物の特例

① 映画の著作物の著作者

制作・監督・演出・撮影・美術等を担当してその映画の著作物の全体的形成に創作的に寄与した者をいう（著16条）。

例）映画監督，プロデューサー，演出家など

ここがポイント!

> 全体的形成に寄与する必要があるため，助監督や一部分だけの演出家などは除かれるとされています。

映画の原作者や映画において複製されている音楽・美術の著作者などは除かれる（著16条）。

⇒それぞれの著作物の著作者として扱われる

映画監督などが映画会社との関係で職務著作が成立する場合は，職務著作の規定が優先適用され，会社が著作者となる（著16条但書）。

② 映画の著作物の著作権の帰属

映画の著作者が映画製作者に対し，当該映画の著作物の製作に参加することを約束しているとき（著29条）。

⇒映画製作者に著作権が帰属し，映画の著作者は著作者人格権のみを有する

なお，映画製作者とは，映画の著作物の製作に発意と責任を有する者をいう（著2条1項10号）。

演習問題にチャレンジ!

1回目	月 日	2回目	月 日	3回目	月 日

▶ 本テーマの出題例

③学 33-4

②学 33-27　②実 32-38・39

選択肢を○×で答えてみよう！

解答	選択肢
○ □□□	映画の製作に創作的に関与した者であっても，その映画の著作物の著作者とはならない場合がある。
× □□□	映画の著作物について，その監督が，映画会社に雇われていて業務として作成したものであっても，映画会社がその映画の著作者となることはない。
× □□□	映画製作者は，映画の製作に発意と責任を有する者であるため，その映画の著作物の著作者となる。
× □□□	映画の著作物の著作権がその映画製作者に帰属するためには，その映画の著作物の著作者が，映画製作者に出資の約束をしていなければならない。
○ □□□	映画の著作物の著作者が，映画製作者に対し，その映画の製作に参加することを約束していたときであっても，その映画製作者には，著作者人格権は帰属しない。

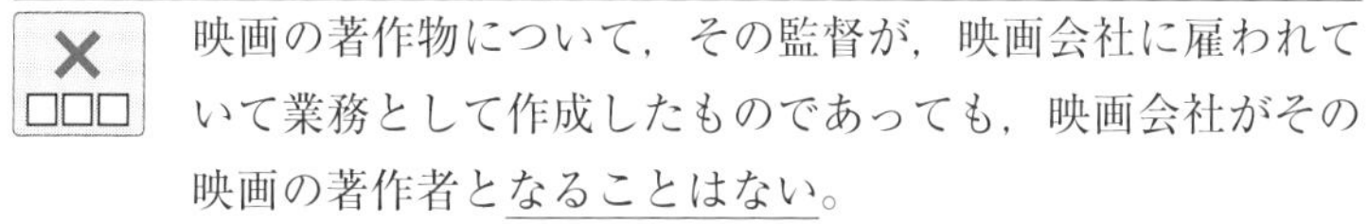

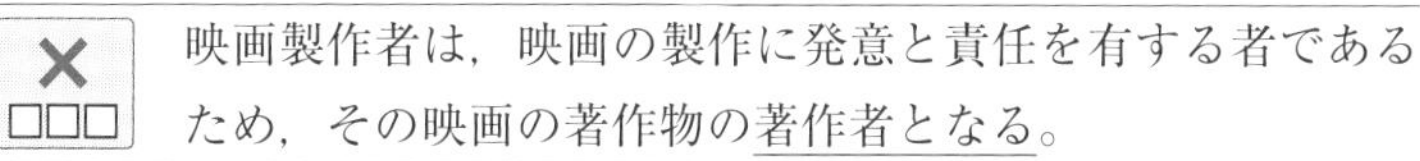

4 著作権法

6 著作者人格権とその種類

重要部分をマスター！

(1) 著作者人格権の性質

著作者人格権は「人格権」であるため，著作者の一身に専属し他人に譲渡することはできない（著59条）。

ここがポイント！

一身に専属するので，譲渡のみならず，相続などいかなる方法でも他人に移転することはありません。

・発生：著作物の創作と同時（著51条1項）
・消滅：著作者の死亡時（著59条）

ただし，その死後の人格的利益の侵害となる行為は禁止されるため，半永久的に保護されることとなる（著60条）。

(2) 著作者人格権その１：公表権

① 未公表の著作物を公衆に提供・提示する権利（著18条1項）

いつどのように公表するかを決定する権利。著作者の同意を得ずに公表されたものも未公表に含まれる（同項かっこ書）。

二次的著作物の公表には，原著作物が未公表であれば，原著作物の著作者の許諾も必要となる（著18条1項後段）。

② 公表することにつき同意したと推定される場合（著18条2項各号）

公表されたと推定されるわけではない。

・著作者が著作権を譲渡した場合（1号）
⇒譲渡された支分権に対応する行為のみ推定が働く

ここがポイント！

演奏権しか譲渡されていなければ，公衆送信など演奏以外の方法による公表については同意したものと推定されません。

・美術・写真の原作品を譲渡した場合は，その原作品の展示による公表（２号）

・映画の著作権が映画製作者に帰属した場合（３号）

⑶ 著作者人格権その２：氏名表示権

① 原作品や著作物の公衆への提供・提示に際し，著作者名の表示をするか否か，する場合には実名か変名かを決定する権利（著19条１項）

・「際し」：公衆への提供・提示の度に表示が必要

ここがポイント!

原作品は表示しただけで問題となりますが（美術品の署名を消去した場合など），複製物については公衆へ提供・提示されなければ，表示しただけでは問題となりません（書籍の氏名を誤って表示しても流通させなければOK）。

二次的著作物については，原著作物の著作者の氏名表示も必要（著19条１項後段）。

② 例外

・すでに表示された著作者名があれば，利用者の便宜から，従来の氏名表示に従って表示すれば足りる（著19条２項）。ただし，著作者からの意思表示があればそれに従う。

・音楽をBGMとして利用する場合のように，著作物の利用目的・態様に照らして創作者であることを主張する利益を害するおそれがないと認められる場合は，公正な慣行に反しない限り省略が可能（著19条３項）。

⑷ 著作者人格権その3：同一性保持権

① 著作物やその題号について意に反して改変を受けない権利（著20条1項）

ここがポイント!

> 著作物の内容だけでなく題号も勝手に変えることはできません。

② 例外

意に反する改変であっても認められる場合がある（著20条2項各号）。

・学校教育上やむを得ないと認められる用字・用語の変更（1号）
・建築物の増築や改築等（2号）
⇒生活上やむを得ない場合なので趣味や気分などの理由で変えることはできないと解されている
・プログラムの著作物を電子計算機で利用するため，またより効果的に利用するための改変（3号）
・著作物の性質，利用の目的・態様に照らしやむを得ないと認められる改変（4号・一般条項）
⇒明らかな誤字を修正したりすることは，締切の関係上などで許容される場合があり得る

なお，パロディについては，最高裁が同一性保持権の侵害となるとした判例がある（パロディ・モンタージュ事件）。

⑸ 名誉声望保持権

著作者人格権としては列挙されていないが，著作者の名誉・声望を害する方法により著作物を利用する行為は，著作者人格権の侵害とみなされるため（著113条7項），第4の著作者人格権と位置付けられている。

例）芸術作品をヌード劇場の看板として展示したりする行為

演習問題にチャレンジ！

1回目	月　日	2回目	月　日	3回目	月　日

本テーマの出題例

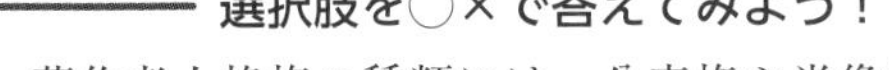

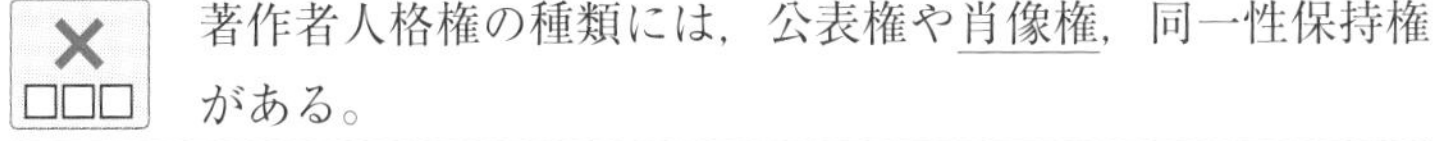

③学34-29　③実34-21　③学33-12　③学33-25　③実33-15　③学32-10　③実32-16
②学34-6　②実34-40　②学33-8　②学33-20　②実33-31　②学32-2　②実32-40

選択肢を◯×で答えてみよう！

× □□□　著作者人格権の種類には，公表権や肖像権，同一性保持権がある。

× □□□　著作者人格権は，著作物の創作と同時に発生し，著作者の死後 70 年を経過すると消滅する。

○ □□□　著作者の死後であっても，その遺族は未公表の著作物を公表することを差し止めることができる。

× □□□　著作者人格権は，譲渡することはできないが，相続することはできる。

○ □□□　公表権は，著作物を公表するかしないかを決めるだけでなく，時期や方法まで決めることができる権利である。

○ □□□　著作者の氏名表示については，公衆に提示する度に，表示が必要である。

○ □□□　著作物ではない題号であっても，その著作者に無断で変更することはできない。

× □□□　建築の著作物については，たとえ老朽化していたとしても，その著作者の意に反する場合には，改築することができない。

7 著作権とその種類①

重要部分をマスター!

(1) 著作財産権の種類

著作（財産）権は，著作物の種類ごとに考えられる行為につき権利が規定されており，支分権の束と呼ばれる。全部で11種類の規定があるが，大きく4つのカテゴリーに分けることができる。

① 有形的再製に関する支分権
- 複製権（著21条）

② 無形的利用（公衆への提示）に関する支分権
- 上演権・演奏権（著22条）
- 上映権（著22条の2）
- 公衆送信権・伝達権（著23条1項・2項）
- 口述権（著24条）
- 展示権（著25条）

③ 著作物の拡布（公衆への提供）に関する支分権
- 頒布権（著26条）
- 譲渡権（著26条の2）
- 貸与権（著26条の3）

④ 二次的著作物に関する支分権
- 翻訳権・編曲権・変形権・翻案権（著27条）
- 二次的著作物利用権（著28条）

(2) 複製権：著作物を無断で複製されない権利

複製とは，印刷，写真，複写，録音，録画といった，著作物を媒体に固定することにより有形的に再製することをいう（著2条1項15号）。

ここがポイント!

> たとえ1部であっても，また部分的でも著作物の創作的部分が有形的に再製されていれば複製に該当します。

最高裁判例では，①既存の著作物に依拠しており，②既存の著作物に酷似していることの両方を満たす必要があるとされ，依拠しておらず偶然同じような作品となっても，複製には該当しない。

脚本など演劇用の著作物については，その上演や放送等を録音・録画することが（著2条1項15号イ），建築の著作物については，建築に関する図面に従って建築物を完成させることが含まれるとされる（同ロ）。

(3) 無形的利用に関する支分権

① **上演権・演奏権（著22条）：著作物を無断で公に上演・演奏されない権利**

・「公に」：公衆に見せ，または聞かせることを目的とする。

⇒練習のための演奏など聞かせることを目的としていない行為は該当しない

⇒逆に目的としていれば実際には少数の観客だったとしても該当する

上演・演奏には，録音・録画されたものを再生することも含む（著2条7項）。

② **上映権（著22条の2）：著作物を無断で公に上映されない権利**

上映とは，著作物を映写幕その他の物に映写することをいう（著2条1項17号）。

映画に限られず，写真や言語，美術などもスクリーン等に映写すれば該当する。

③　公衆送信権（著23条1項）：著作物を無断で公衆送信されない権利

公衆送信とは，公衆によって直接受信されることを目的として無線通信・有線電気通信の送信を行うことをいう。

ここがポイント!

公衆が受信しないと該当しないため，個別の送信は該当しません。放送，有線放送，自動公衆送信などが含まれ，自動公衆送信される場合には送信可能化（いわゆるサーバへのアップロード行為）も含まれます。

④　伝達権（著23条2項）：公衆送信される著作物を受信装置を用いて無断で公に伝達されない権利

公衆送信「される」著作物に限定されているため，生放送を伝達する場合に限られる。

例）放送されている番組をテレビモニターで店の客に見せる行為（放送された番組を録画したものをモニターで見せる行為は，前述の上映権に該当する）

⑤　口述権（著24条）：著作物を無断で公に口述されない権利

口述とは，朗読その他の方法により著作物を口頭で伝達することをいう。言語の著作物のみが該当する。

⑥　展示権（著25条）：著作物を無断でその原作品により公に展示されない権利

美術の著作物・未発行の写真の著作物のみが該当する。

原作品に限定されるため，複製物を公に展示しても該当しない（複製の段階で複製権が働くため）。

演習問題にチャレンジ!

1回目	月　日	2回目	月　日	3回目	月　日

▶ 本テーマの出題例

③実 34-25　③学 33-7　③実 33-24　③実 32-7・8
②学 34-15　②実 34-17・18　②学 32-23　②実 32-29

選択肢を◯×で答えてみよう！

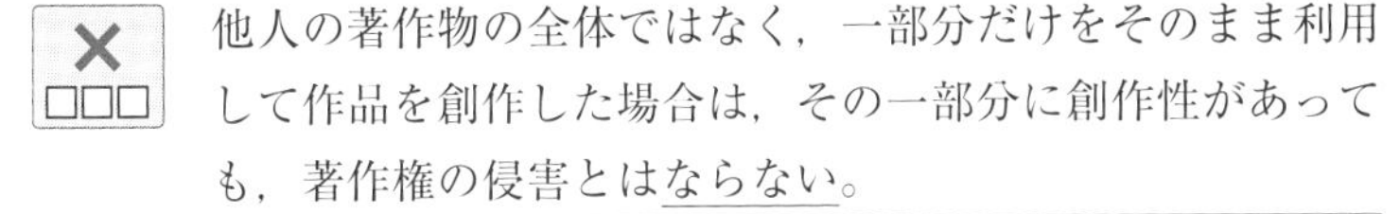

× □□□　他人の著作物の全体ではなく，一部分だけをそのまま利用して作品を創作した場合は，その一部分に創作性があっても，著作権の侵害とはならない。

× □□□　複製とは，有形的に再製することであり，建築の著作物については図面に従って建築物を完成することは建築物が有形的に再製されていないので該当しない。

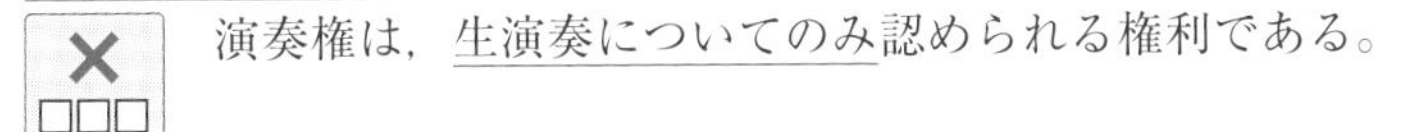

× □□□　演奏権は，生演奏についてのみ認められる権利である。

○ □□□　友人から電子メールで送られてきた写真のデータを，その友人に無断で別の友人へ転送することは，その写真の公衆送信権の侵害とならない。

× □□□　写真のデータをホームページにアップロードしたが，まだ誰もそのサイトにアクセスしていないことを証明すれば，公衆送信権の侵害とはならない。

○ □□□　展示権は，美術の著作物の複製物であるレプリカには認められない。

7 著作権とその種類②

重要部分をマスター！

(4) 著作物の拡布に関する支分権

・映画の著作物：頒布(はんぷ)権

・映画以外の著作物：譲渡権＋貸与権

① 頒布権（著 26 条 1 項）：著作物を無断でその複製物により頒布されない権利

・映画の著作物のみ（1項）

・頒布とは，有償・無償を問わず，著作物を公衆に譲渡・貸与すること（著2条1項19号）

ここがポイント！

> 映画の著作物については，公衆ではなく，1つだけ特定人に譲渡する場合でも，公衆への提示を目的としていれば頒布に該当することになります。

② 譲渡権（著 26 条の 2 第 1 項）：著作物を無断でその原作品・複製物の譲渡により公衆に提供されない権利

権利者やその許諾を得た者の適法な第一譲渡により，その後の譲渡については譲渡権は消尽し，侵害とはならない（同2項）。

ここがポイント！

> あくまでも消尽するのは譲渡権だけなので，適法譲渡されたものであっても，公衆送信など他の支分権に該当する行為をすることは無断ではできません。

③ 貸与権（著 26 条の 3）：著作物を無断でその複製物の貸与により公衆に提供されない権利

原作品の貸与は該当しない。

演習問題にチャレンジ!

1回目	月 日	2回目	月 日	3回目	月 日

本テーマの出題例

③学34-18 ③学33-12 ③学33-30 ③学32-13 ③実32-16
②学34-35 ②学33-36

選択肢を○×で答えてみよう！

○ □□□ 映画の著作物の複製物を1つだけ友人に譲渡する行為であっても，当該複製物を集会で上映する目的であった場合には，頒布権が及ぶこととなる。

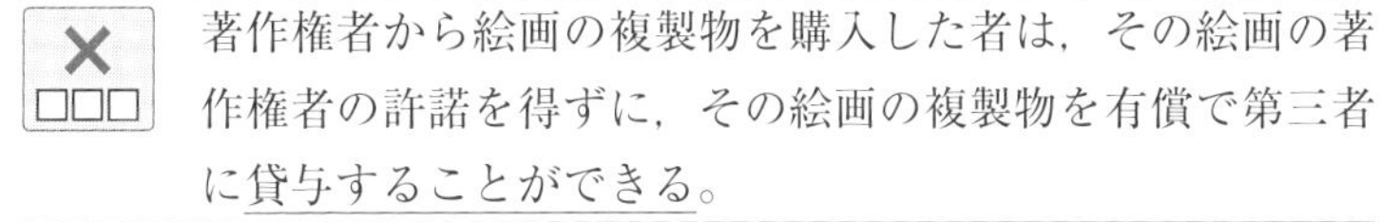

× □□□ 著作権者から絵画の複製物を購入した者は，その絵画の著作権者の許諾を得ずに，その絵画の複製物を有償で第三者に貸与することができる。

○ □□□ 譲渡権者の許諾を得て公衆に譲渡された著作物の複製物を公衆に再譲渡する場合，たとえ購入金額よりもはるかに高額で転売したとしても，譲渡権の効力は及ばない。

× □□□ 貸与権者の許諾を得て公衆に貸与された著作物の複製物は，その後貸与権者の許諾を得なくても，公衆に貸与することができる。

○ □□□ 他人の著作物の複製物を無償で貸与した場合でも，貸与権の対象となる。

7 著作権とその種類③

重要部分をマスター!

(5) 二次的著作物に関する支分権

① 翻訳権・編曲権・変形権・翻案権（著 27 条）：著作物を原著作物とする二次的著作物を無断で作成されない権利

これらの権利は，同時に同一性保持権の侵害となる場合も多く，その場合は両方の権利を行使できる。

② 二次的著作物利用権（著 28 条）：著作物を原著作物とする二次的著作物の利用における，二次的著作物の著作者が有するものと同一の種類の権利

二次的著作物を利用するときは，二次的著作物の著作権者だけでなく，原著作物の著作権者の許諾も必要となる。

同一の権利ではなく，別々に成立し，移転や消滅も別々である（種類が一緒というだけである）。

演習問題にチャレンジ!

1回目	月　日	2回目	月　日	3回目	月　日

▶本テーマの出題例

③学32-26　③実34-9・10

選択肢を○×で答えてみよう！

○ □□□　小説Aを原作とした漫画Bについて，そのアニメ化をするためには，漫画Bの著作権者だけでなく小説Aの著作権者の許諾も必要となる。

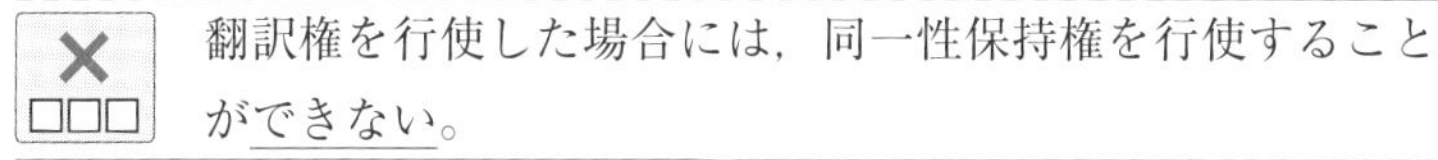

× □□□　翻訳権を行使した場合には，同一性保持権を行使することができない。

○ □□□　二次的著作物の複製をする権利については，その原著作物の複製をする権利とは共有関係にはならない。

8 著作権が制限される場合①

重要部分をマスター!

(1) 著作権の制限規定

著作権法の制限規定に列挙された行為に該当するときは，著作権者の許諾を得ることなくその著作物を利用できる。

列挙された制限規定は30条から49条にわたり，非常に多いが，細かい規定も多く，そのうち試験によく出題される重要な規定に絞って列挙する。

(2) 私的使用目的の複製（著30条1項）

個人や家庭内など私的範囲の使用を目的とする場合は，著作物を複製でき，さらに翻訳・編曲・変形・翻案も可能（著47条の6第1項1号）。

ここがポイント!

私的使用か否かが目的となるため，私的使用範囲を超える使用を目的とするものであれば，無償や非営利であっても該当しません。

ただし，以下の例外があり，該当すれば，私的使用目的であっても複製できない（著30条1項各号）。

①公衆の使用に供することを目的として設置されている自動複製機器を用いた複製（1号）
⇒ただし，コピー機のような文書・図画の複製に供するものは除外されているので（附則5条の2），コンビニのコピー機での複製はできる

②技術的保護手段が施されている著作物について，その保護手段が回避されていることを知りながら行う複製（2号）

③違法にされた自動公衆送信を，その事実を知りながら受信して行うデジタル方式の録音・録画（3号）

演習問題にチャレンジ!

1回目	月　日	2回目	月　日	3回目	月　日

本テーマの出題例

③学 33-2　③学 33-15　③実 32-9･10
②学 34-15　②学 33-5　②実 33-27　②学 32-9

選択肢を○×で答えてみよう！

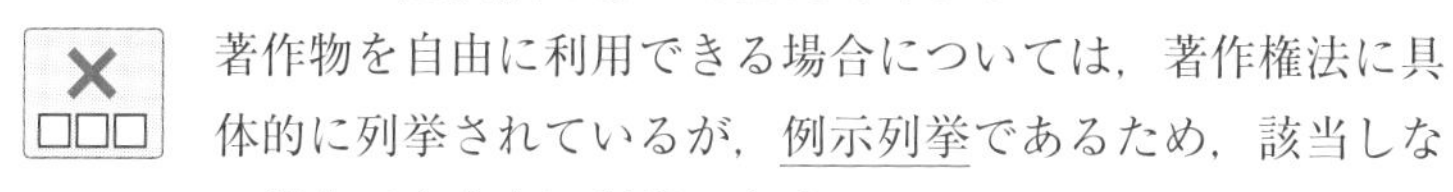

× □□□ 著作物を自由に利用できる場合については，著作権法に具体的に列挙されているが，例示列挙であるため，該当しない場合でも自由に利用できる。

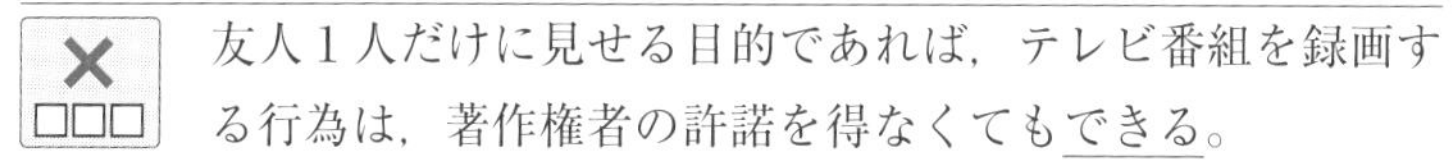

× □□□ 友人1人だけに見せる目的であれば，テレビ番組を録画する行為は，著作権者の許諾を得なくてもできる。

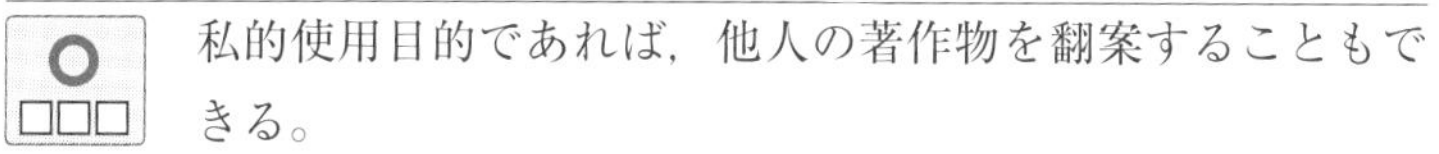

○ □□□ 私的使用目的であれば，他人の著作物を翻案することもできる。

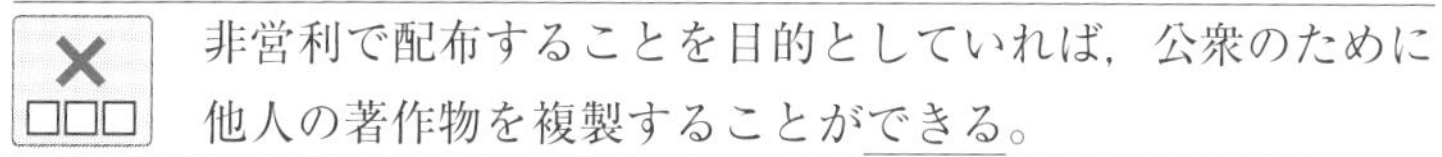

× □□□ 非営利で配布することを目的としていれば，公衆のために他人の著作物を複製することができる。

○ □□□ 自宅で視聴する目的であれば，録画は著作権者の許諾を得ずに行うことができるが，コピープロテクトを外して行うことはできない。

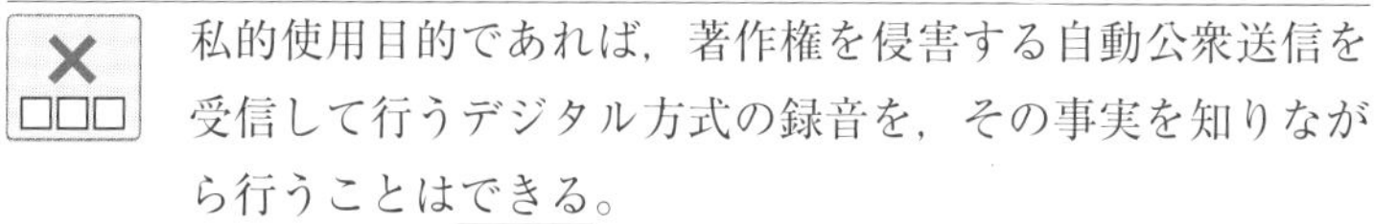

× □□□ 私的使用目的であれば，著作権を侵害する自動公衆送信を受信して行うデジタル方式の録音を，その事実を知りながら行うことはできる。

8 著作権が制限される場合②

重要部分をマスター！

⑶ 写り込みなど付随対象著作物の利用（著30条の2）

写真撮影や録音･録画の際に，他の著作物が写り込んだり，録音･録画されてしまった場合において，撮影等の時点で分離困難で，かつ軽微な部分であれば，著作権者の利益を不当に害することにならないことを条件に，許容される（著30条の2第1項）。

撮影された写真や録音・録画物も，著作権者の利益を不当に害することにならないことを条件に，そのまま利用することができる（同2項）。

ここがポイント！

一度撮影等されたものは，その後に分離困難性が解消されても，そのまま利用できます。

⑷ 引用（著32条1項）

公正な慣行に合致し，引用の目的上正当な範囲内であれば，自己の著作物に公表された他人の著作物を引用して利用することができ，さらに翻訳も可能（著47条の6第1項3号）。

【引用の要件】

・被利用著作物が公表された著作物であること
・公正な慣行に合致すること
・引用の目的上，正当な範囲内であること

最高裁の判例（パロディ・モンタージュ事件）では，①明瞭区別性，②主従関係の要件も満たす必要があるとされたことがあるが，最近は言語以外の場合にはあまり適さないとされる。

演習問題にチャレンジ！

1回目	月　日	2回目	月　日	3回目	月　日

▶ 本テーマの出題例

③学34-14　③学33-15　③実33-11・12　③実32-11・12
②学34-15　②学33-5　②実33-13・14

選択肢を○×で答えてみよう！

○ □□□ 公園の様子を録画していると，たまたま大道芸人が演奏していた他人の作曲した音楽も録音されてしまった場合でも，録画の中で軽微な構成部分であれば，そのまま利用することができる。

× □□□ 写真の撮影の際に他人の著作物が写り込んでしまって分離することが困難で，かつ軽微な部分であったとしても，その後，その写り込んだ著作物を分離することが容易であったときは，著作権者の許諾を得ることなくそのまま利用することはできない。

○ □□□ 未公表の著作物を引用して利用することはできない。

× □□□ 他人の著作物を引用して利用するためには，営利目的のものでないことが必要である。

× □□□ 正当な範囲内であれば，公正な慣行に合致しなくても，他人の著作物を引用として自由に利用できる。

8 著作権が制限される場合③

重要部分をマスター！

⑸ 教育機関における複製等（著35条）

非営利の教育機関において，教育を担当する者（教師）と授業を受ける者（生徒）は，授業の過程で使用するために，公表された著作物を複製することができ，さらに翻訳・編曲・変形・翻案も可能（著47条の6第1項1号）。ただし，数量など著作権者に経済的不利益を与える場合は認められない。

⑹ 試験問題としての複製等（著36条）

入学試験や採用試験などの問題として，複製・公衆送信ができ（著36条1項），さらに翻訳も可能（著47条の6第1項3号）。

営利目的の模擬試験などにおける複製も無許諾でできるが，補償金が必要となる（著36条2項）。

⑺ 非営利目的での利用（著38条）

営利を目的としない上演・演奏等の一定の利用行為は，許諾なく行うことができるが，著作権者の利益を害する程度の高い複製等の行為は認められない。

・非営利の上演・演奏・上映・口述（著38条1項）

要件としては，①非営利であることに加えて，②公表された著作物であること，③聴衆・観衆から料金を受けない無料であること，④実演者が無報酬であることが必要となる。無料とは，直接の代金としてだけでなく，会費のような形で予め徴収する場合も含まれる。

・非営利の伝達（著38条3項）

①～③は原則として同じであるが，飲食店において客にテレビを見せるような，通常の家庭用受信装置を用いてする場合には，営利目的・有料であっても公に伝達できる（38条3項後段）。

・非営利の貸与（著38条4項）

①～③は同じであるが，映画の著作物は除外される。

演習問題にチャレンジ!

1回目	月　日	2回目	月　日	3回目	月　日

▶ 本テーマの出題例

③学34-14　③実34-25　③学33-2　③実33-7・8
②学34-15　②実34-13・14　②実33-27

選択肢を○×で答えてみよう!

○ □□□
有名な小説の一部をコピーして，国語の授業において配布する行為は，公立だけでなく私立の学校の先生でも，著作権者の許諾を得ることなくできる。

× □□□
入学試験の問題として他人の著作物を複製することができるが，営利企業における採用試験の問題として複製することは許諾なしにはできない。

× □□□
営利目的ではなく，聴衆又は観衆から料金を受けない場合であれば，公表されていない著作物であっても，著作権者の許諾を得ずに演奏することができる。

○ □□□
営利目的ではなく，聴衆又は観衆から料金を受けない場合でも，実演家に報酬が支払われているときは，著作物を著作権者の許諾を得ずに上演することはできない。

○ □□□
通常サイズのテレビを用いて放送番組を飲食店の客に見せることは，客から特別料金を徴収していても，著作権者の許諾を得ずにできる。

8 著作権が制限される場合④

重要部分をマスター!

(8) 美術等に関する利用

① 美術・写真の原作品の所有者による展示（著 45 条）

原作品の所有者やその同意を得た者は，その作品を公に展示することができる（同 1 項）。

ただし，屋外に恒常的に設置する場合は，次の 46 条により自由に利用できることに繋がるため，許諾なしにはできない（同 2 項）。

② 公開の美術・建築の利用（著 46 条）

屋外に恒常的に設置された美術・建築は，いずれの方法でも利用ができる。ただし，建築による複製や，美術の複製物（絵葉書など）の販売を目的とした複製等は除外されている（同 1 号ないし 4 号）。

③ 美術・写真の原作品・複製物の所有者やその同意を得た者は，譲渡や貸与の申出の用（ネットオークション等）に供するために，複製・公衆送信（カタログや HP への掲載）ができる（著 47 条の 2）

(9) プログラムの複製物の所有者による複製等（著 47 条の 3）

プログラムの複製物の所有者は，バックアップなど自ら電子計算機で実行するために必要と認められる限度で，複製をすることができる（同 1 項）。

ただし，もとの複製物を譲渡するときには，そのバックアップしたコピーを廃棄しなければならない（同 2 項）。

演習問題にチャレンジ!

1回目	月　日	2回目	月　日	3回目	月　日

▶ 本テーマの出題例

③学34-14　③学33-15　③実33-7・8　③実33-9　③実33-10〜12
②学33-40　②実32-20　②実32-29

選択肢を◯×で答えてみよう!

◯ □□□ 絵画の著作物の原作品の所有者の同意を得た者は，当該著作物の著作権者の許諾を得ずに屋内で公に展示することができる。

◯ □□□ 絵画の著作物の原作品の所有者であっても，当該著作物の著作権者の許諾を得ずに，一般公衆に広く開放された屋外で恒常的に公に展示することはできない。

◯ □□□ 建築の著作物は，建築による複製を除き，当該著作物の著作権者の許諾を得ずに，あらゆる方法での利用をすることができる。

◯ □□□ 一般公衆に広く開放された屋外に恒常的に設置されている彫刻は，当該著作権者の許諾を得ずに，撮影することができるが，これをカレンダーにして販売することはできない。

× □□□ プログラムの著作物の複製物の所有者及びその同意を得た者は，著作権者の許諾を得なくても，第三者が電子計算機で当該プログラムの著作物を実行するために必要と認められる限度において複製することができる。

9 著作権の保護期間

重要部分をマスター！

(1) 著作権の消滅

著作権は，保護期間の満了（著51条2項，52～58条），放棄，相続人不存在（著62条1項1号），法人の解散（同2号）により消滅する。保護期間は，著作物の種類により異なる。

【各著作物の保護期間】

著作物の種類	保護期間
通常の著作物	著作者の死後70年（著51条2項）
共同著作物	最終に死亡した著作者の死後70年（著51条2項かっこ書）
著作者不明（無名・変名）の著作物	著作物の公表後70年（経過前に著作者の死後70年を経過していると認められる場合は，そのとき）（著52条）
団体名義の著作物	著作物の公表後70年（創作後70年以内に公表されなかったときは，その創作後70年）（著53条）
映画の著作物	著作物の公表後70年（創作後70年以内に公表されなかったときは，その創作後70年）（著54条）
継続的刊行物	公表時が起算点（著56条1項）
逐次刊行物	最終部分の公表時が起算点（中断して3年を経過したときは，既公表の最終部分の公表時が起算点）（著56条1項・2項）

(2) 保護期間の特徴

保護期間の計算方法は，産業財産権と異なり，暦年主義を採る（著57条，該当日の属する年の翌年の1月1日から起算）。

この例外として，第二次世界大戦の戦勝国について戦争期間を保護期間に加算する戦時加算があり，日単位の計算がされる。

演習問題にチャレンジ!

1回目	月　日	2回目	月　日	3回目	月　日

▶ 本テーマの出題例

③学34-26　③実34-18　③学33-10　③学32-17
②学34-27　②学33-2　②学32-18

選択肢を○×で答えてみよう！

× □□□ 共同著作物の著作権の保護期間は，最初に死亡した著作者の死後50年を経過するまでである。

× □□□ 著作者がわからない絵画の著作物の著作権の存続期間は，実名の登録後70年を経過するまでであり，この期間を満了するまでに著作者の死後70年を経過していると認められる時において消滅する。

○ □□□ 公表された職務著作に係る著作物の著作権の存続期間は，その公表後70年までである。

○ □□□ 映画の著作物の著作権は，公表後70年を経過するまでであるが，その創作後70年以内に公表されないときは，創作後70年を経過するまでとなる。

× □□□ 著作権者が死亡した場合において，相続人がいない場合は，著作権者は国となる。

× □□□ 外国の著作物については，常に，その著作権の存続期間に戦時加算分の期間が加算される。

10 著作隣接権・出版権①

重要部分をマスター!

(1) 著作隣接権

著作物を広く社会に広める役割を持つ①実演家，②レコード製作者，③放送事業者，④有線放送事業者は，創作に準ずるとして著作隣接権を有する。

例えば，ミュージシャンが作曲した曲をギターで演奏して録音した場合は，演奏される音楽の著作者の権利以外に，演奏する実演家の権利，さらに録音したものを利用するときは，これらに加えてレコード製作者の権利にも注意する必要がある。なお，実演やレコードは，著作物でない単なる音などでも権利が発生する。

著作隣接権は，財産権の一種であるが，実演家には実演家人格権も認められている。

① 実演家の権利

実演家とは，俳優，舞踊家，演奏家，歌手その他実演を行う者，および実演を指揮・演出する者をいう（著2条1項4号）。実演家に認められる実演家人格権には，氏名表示権（著90条の2），同一性保持権（著90条の3）がある。

ここがポイント!

> 実演家人格権の種類は氏名表示権と同一性保持権の2種類で公表権はありません。同一性保持権の内容も意に反する改変ではなく，名誉声望を害するような改変にのみ権利が及びます。

また，実演家の著作隣接権には，録音・録画権（著91条），放送・有線放送権（著92条），送信可能化権（著92条の2），譲渡権（著95条の2），貸与権（著95条の3）がある。

録音・録画権や放送権などには，最初の行為時にしか利益を受けることができない「ワン・チャンス主義」が採用されている。

演習問題にチャレンジ!

1回目	月 日	2回目	月 日	3回目	月 日

本テーマの出題例

③学34-1 ③学34-7 ③学34-23 ③学33-25 ③学32-22
②学34-40 ②学33-15 ②学32-12

選択肢を○×で答えてみよう!

× □□□ 実演家とレコード製作者，放送事業者，映画製作者には，著作隣接権が認められる。

○ □□□ 著作隣接権を有する者のうち，実演家のみ人格権も認められている。

× □□□ 著作物を演奏しないと実演家の権利は発生しない。

○ □□□ 実演家は，実演を行う者以外にも認められる場合がある。

× □□□ 実演家は，その実演を無断で公表されない権利を有する。

○ □□□ 実演家が有する同一性保持権は，意に反する改変ではなくて名誉や声望を害する改変に対してのみ及ぶ。

10 著作隣接権・出版権②

重要部分をマスター!

② レコード製作者の権利

レコード製作者とは，レコードに音を最初に固定した者をいう（著2条1項6号）。

人格権はなく，財産権として複製権，送信可能化権，譲渡権，貸与権が認められている。

③ 放送事業者・有線放送事業者の権利

放送事業者とは，放送を業として行う者をいう（著2条1項9号）。

また，有線放送事業者とは，有線放送を業として行う者をいう（著2条1項9号の3）。

いずれも人格権はなく，放送事業者には財産権として複製権，再放送権・有線放送権，送信可能化権，テレビジョン放送の伝達権が，有線放送事業者には複製権，放送権・再有線放送権，送信可能化権，有線テレビジョン放送の伝達権が認められている。

(2) 著作隣接権の保護期間

著作隣接権の保護期間は，下記の通りになる（著101条）。

対象	発生	消滅
実演	実演を行ったとき	実演が行われた日の属する年の翌年から70年
レコード	音を最初に固定したとき	レコードの発行が行われた日の属する年の翌年から70年
放送・有線放送	放送・有線放送を行ったとき	放送・有線放送が行われた日の属する年の翌年から70年

演習問題にチャレンジ!

1回目	月　日	2回目	月　日	3回目	月　日

本テーマの出題例

③学34-1 ③学34-7 ③学34-23 ③学32-22
②学34-40 ②実34-28 ②学33-36 ②学33-40 ②学32-12

選択肢を◯×で答えてみよう！

× □□□ 著作物ではない音をレコードに固定してもレコード製作者の著作隣接権は発生しない。

× □□□ レコード製作者は，レコードを最初に発行した者をいう。

○ □□□ 放送事業者は，放送の複製物を譲渡により公衆に提供する権利は認められていない。

× □□□ 実演家の著作隣接権は，その実演を録音・録画した時に発生し，その実演家が死亡した日の属する年の翌年から70年を経過したときに消滅する。

× □□□ レコードの保護期間の終期は，レコードに音が最初に固定された日の属する年の翌年から起算して70年を経過するまでである。

○ □□□ 放送事業者が有する著作隣接権は，その放送の時に発生し，その放送が行われた日の属する年の翌年から70年を経過したときに消滅する。

10 著作隣接権・出版権③

重要部分をマスター!

(3) 出版権

出版権：頒布の目的をもって，著作物を原作のまま印刷その他の機械的・化学的方法により文書・図画として複製・公衆送信することを専有する権利（著80条1項）

出版を引き受ける者に対し，著作物の複製権者・公衆送信権者が設定できる（著79条1項）。

ここがポイント!

> 平成26年改正で電子書籍に対応するため，従来の複製権者に加えて公衆送信権者も加えられました。

出版権者は，自らが出版することも，他人に複製・公衆送信を許諾することもできる（著80条3項）。

ここがポイント!

> 平成26年改正前は，出版権者は自らが出版しなければなりませんでしたが，電子書籍の場合は技術的な観点から他人に業務を委託する必要性も高いことから，他人に許諾できるようになりました。

一方で，複製権者等は，出版権の設定された範囲については，自らは複製・公衆送信できなくなる。

出版権の存続期間は，設定行為で定められるが，設定行為に定めがないときは，設定された後の最初の出版日から**3年**で消滅する（著83条）。

出版権者には，原稿の引渡しから**6ヶ月**以内に出版する義務があり，この義務に違反した場合には，複製権者等の通知によって消滅する（著81条1号イ，84条1項）。

演習問題にチャレンジ!

1回目	月　日	2回目	月　日	3回目	月　日

▶ 本テーマの出題例

③学34-11

②学34-12　②学33-2

選択肢を○×で答えてみよう!

○ □□□ 出版権を設定できるのは，著作権のうち，複製権か公衆送信権を有する者のみである。

○ □□□ 著作物の複製権を有する者であっても，出版権を設定した範囲内においては，出版権者の許諾なく当該著作物の複製を行うことができない。

× □□□ 出版権者は，常に，自らが出版をしなければならない。

× □□□ 出版権者は，原稿の引渡しを受けてから1カ月以内に出版しないときは，複製権者の通知によって消滅する。

× □□□ 出版権は，設定行為に定めがないときは，設定後の最初の出版後70年を経過したときに消滅する。

○ □□□ 著作隣接権を有する者には，実演家とレコード製作者，放送事業者が該当するが，出版権者は含まれない。

11 権利の活用

重要部分をマスター！

(1) 権利の移転

①著作者人格権：著作者の一身に専属し移転不可（著59条）
②著作権：支分権ごとに譲渡可能（著61条1項）

ここがポイント！

著作者人格権・実演家人格権はあの手この手で移転の可否が問われますが，何があろうと例外なく移転することはできないので覚えておいてください。譲渡できないため，著作物を利用する場合には，同一性保持権の行使を避けるため，著作者人格権の不行使特約を結ぶことがあります。

支分権のうち，翻訳権・翻案権等（著27条）および二次的著作物利用権（著28条）については，譲渡することが特掲されていないと，たとえすべての著作権を譲渡すると記載されていても，譲渡者に留保されると推定される（著61条2項）。

⇒著作権が共有関係にあるときは，他の共有者の同意を得なければ，持分を譲渡することができない（著65条1項）

③実演家人格権：実演家の一身に専属し移転不可（著101条の2）
④著作隣接権：支分権ごとに譲渡可能（著103条）
⑤出版権：複製権者・公衆送信権者の承諾を得た場合に限り譲渡可能（著87条）

ここがポイント！

いずれも移転したことを第三者に主張するためには登録が必要です（第三者対抗要件，著77条，88条，104条）。

⑵ 利用許諾（ライセンス）

著作権・著作隣接権は，その利用について許諾可能（著63条）。

出版権も，その出版について許諾可能（著80条3項）。

※共同著作物など著作権が共有関係にあるときは，全員の合意によらなければ許諾できない（著65条2項）。

演習問題にチャレンジ！

1回目	月　日	2回目	月　日	3回目	月　日

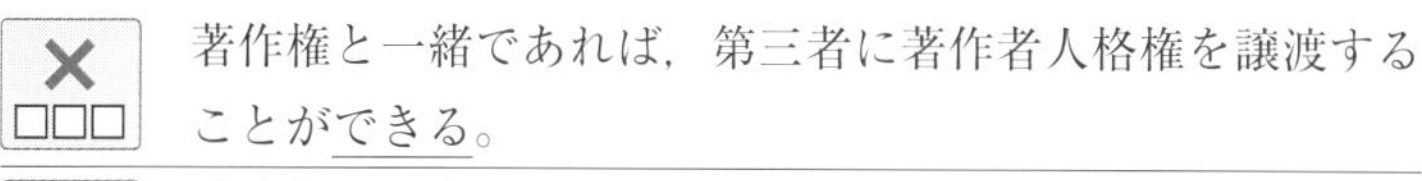

▶ 本テーマの出題例

③学34-11　③学34-29　③実34-21　③学33-12　③実32-20
②学34-6　②学34-9　②学34-27　②学34-40　②学33-20　②実33-31　②学32-6　②実32-29

選択肢を○×で答えてみよう！

× □□□ 著作権と一緒であれば，第三者に著作者人格権を譲渡することができる。

× □□□ 譲渡権や頒布権を伴わずに複製権だけを譲渡することはできない。

× □□□ 著作権の譲渡契約において，翻訳権，翻案権等が譲渡の目的として特掲されていない場合は，これらの権利は，譲渡した者に留保されたものとみなされる。

○ □□□ 著作権者から著作物の利用許諾を得た者は，著作権者の承諾を得ずに，その著作物を利用する権利を第三者に譲渡することはできない。

○ □□□ 共同著作物の著作権は，他の共有者の同意を得なければ，各共有者はその持分を譲渡することができない。

○ □□□ 著作権は登録することなく発生するが，その移転は登録をしないと第三者に対抗することができない。

12 民事上の措置・刑事罰

重要部分をマスター！

(1) 権利侵害に対する民事上の措置

① 差止請求権：著作者人格権・著作権・実演家人格権・著作隣接権・出版権（著112条）

特許権等と同様に，侵害のおそれがある者に対しても請求（予防請求）でき，廃棄除却請求も認められる。

② 損害賠償請求権：著作者人格権・著作権・実演家人格権・著作隣接権・出版権（民709条）

損害額の推定規定は，著作権・著作隣接権・出版権のみ（著114条）。特許権等のような過失の推定規定は存在しない。

③ 名誉声望回復措置請求権：著作者人格権・実演家人格権（著115条）※特許権のような信用回復措置請求権はない

④ 死後の人格的利益の保護（著116条）

著作者人格権・実演家人格権については，死後も遺族等がその保護のために差止請求権と名誉声望回復措置請求権の行使が可能。

⑤ 共同著作物の場合（著117条）

譲渡や利用許諾のような権利の積極的行使と異なり，差止請求等の権利の消極的行使は，それぞれが単独ですることができる。

※ただし，損害賠償請求は自己の持分についてのみ

(2) 刑事罰

著作権等を侵害した者に対しては，民事上の措置以外にも刑事罰の適用がある。侵害罪（著119条）は故意であることが要件であり，また告訴が原則として必要となる（親告罪，著123条2項）。TPP加入に伴う平成30年改正により，有償で原作のままの複製・公衆送信については，著作権等の侵害についてのみ非親告罪となった。

さらに，特許権等の場合と同様に，行為者のみならずその使用者である法人等も対象となる両罰規定がある（著124条）。

演習問題にチャレンジ！

1回目	月　日	2回目	月　日	3回目	月　日

本テーマの出題例

③学33-7　③学33-27　③実32-20

②学34-6　②学34-35　②実34-28　②学33-8　②学33-36　②学32-2

選択肢を○×で答えてみよう！

○ □□□　著作権者は，現在はその著作権を侵害していない者に対しても，差止請求できる場合がある。

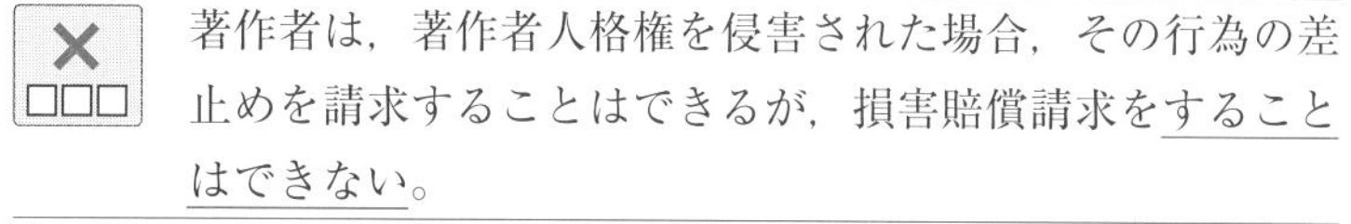

× □□□　著作者は，著作者人格権を侵害された場合，その行為の差止めを請求することはできるが，損害賠償請求を<u>することはできない</u>。

○ □□□　著作者の遺族は，著作者人格権を相続することができないが，著作者の死後に未公表の著作物を公表しようとする者に対して，差止請求をすることができる。

× □□□　著作者は，その著作者人格権を侵害した者に対して，差止請求や損害賠償請求，<u>信用回復措置</u>請求をすることができる。

○ □□□　著作権を侵害した者が，著作権侵害罪に問われるためには，当該侵害が故意で行われていなければならない。

× □□□　著作隣接権の侵害罪については原則として親告罪であるが，著作権の侵害罪については，<u>すべて非親告罪となった</u>。

第5章

不正競争防止法

不正競争防止法は，権利ではなく行為を規制することにより，特許権や商標権などの産業財産権では保護できない部分を補完しています。産業財産権とは異なる特性を理解したうえで，補完する部分と重複する部分を学習してください。

1 不正競争防止法の特徴

重要部分をマスター!

(1) 不正競争防止法の特徴

不正競争防止法（以下「不競法」と略）が，これまで学習してきた特許法などの産業財産権法や著作権法と最も異なる特徴は，権利を付与して保護する権利付与法ではなく，行為そのものを規制する行為規制法であるということである。

規制される行為は，例示列挙ではなく，列挙されたものに限定される限定列挙であり，不正な競争全般を禁止する一般条項は置かれていない。このため，各行為の要件に該当しないときは不競法の規制を受けないこととなる。代わりに，社会情勢の変化に合わせて，不正競争とされる行為を追加して対応している。

不競法の目的は,「国民経済の健全な発展に寄与すること」であり，産業財産権法とは異なる観点から相補って知的財産保護の充実を図る補完的役割を担っている。

ここがポイント!

> 不競法は産業財産権法で保護しきれないところを保護し，場合によっては保護が重複することもあります。

(2) 不正競争防止法の措置

不正競争防止法２条１項各号に列挙された行為は,「不正競争」として，営業上の利益の侵害のおそれがある場合に，その行為の差止請求（不３条），損害賠償請求（不４条），信用回復措置請求（不14条）の民事上の措置に加えて，公益性の高い一部行為については刑事罰も科せられている（不21条）。

演習問題にチャレンジ!

1回目	月　日	2回目	月　日	3回目	月　日

▶本テーマの出題例

③学 32-11

②学 33-18　②実 33-28

選択肢を○×で答えてみよう！

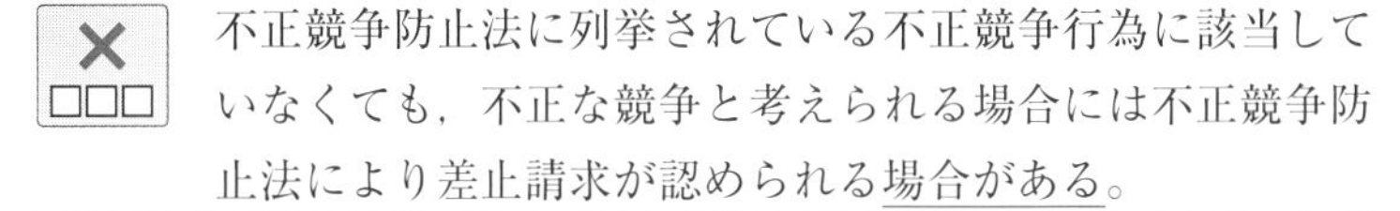

解答	選択肢
× □□□	不正競争防止法に列挙されている不正競争行為に該当していなくても，不正な競争と考えられる場合には不正競争防止法により差止請求が認められる場合がある。
× □□□	未登録の商標でも，一定の場合には不正競争防止法による保護を受けることができるが，商標登録されると不正競争防止法による保護は受けられない。
× □□□	商品のデザインについては，意匠権が付与されなかったものについては，不正競争防止法による保護を受けられない。
○ □□□	不正競争に該当する行為であっても，民事上の措置はできても，刑事罰の対象とはならない場合がある。
○ □□□	不正競争により営業上の信用を害された場合，損害賠償請求に加えて，信用回復措置を請求することができる。

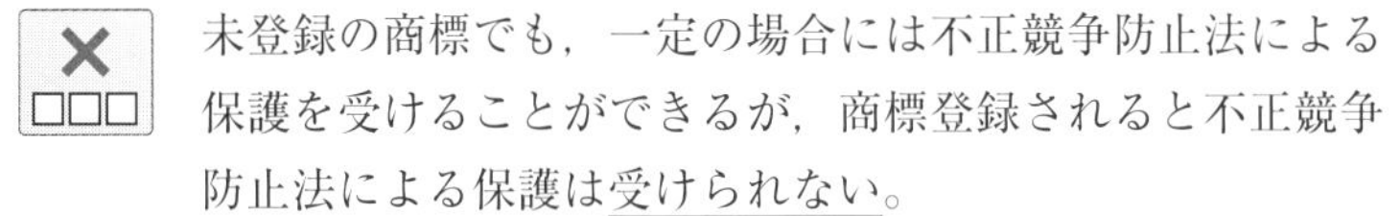

2 商品・営業の表示に関する不正競争

重要部分をマスター！

⑴ 商品等表示（不2条1項1号かっこ書）

商品等表示は，人の業務に係る氏名，商号，商標，標章，商品の容器・包装その他の商品・営業を表示するものを指す。

⇒例示であり，他にも商品の形態，書籍の題号，看板などに認めた裁判例がある

⇒標章も列挙されており，未登録でも該当する

⑵ 周知表示混同惹起行為（不2条1項1号）

他人の商品等表示として需要者の間に広く認識されているものと同一・類似の商品等表示を使用し，または使用した商品を譲渡等して，他人の商品・営業と混同を生じさせる行為をいう。

①周知性：需要者の間に広く認識されているもの

⇒全国的に知られていなくても一地方で周知であれば足りる

⇒需要者は最終消費者だけではなく取引段階の業者も含まれ，各分野において周知であればよい

⇒周知にした主体は営業主体自らでなく，第三者でもよい

②混同のおそれ

⇒競争関係がある上で商品・営業の主体が同一と混同する場合（狭義の混同）だけではなく，競争関係がなくても同一の商品化事業を営むグループに属する関係が存在すると誤信させる場合（広義の混同）も含まれる

⇒現実に混同が生じていなくても，混同のおそれがあれば足りる

③使用等

他人の商品等表示を自己の商品・営業に使用するだけでなく，自己の商品・営業と無関係な商号や商標などへの使用も該当する。

ここがポイント!

混同を生じるおそれがあるか否かが基準であるため，使用先は関係ありません。一方で混同を要件としない後述の２号の著名表示は，自己の商品等表示として使用することが要件となっています。

④適用除外

不２条１項各号に該当しても，適用しないことが法秩序の安定に資することが認められる場合，適用除外として不19条１項各号に規定されている。

・普通名称・慣用表示の普通に用いられる方法での使用等（不19条１項１号）

⇒ワイン等のぶどうを原材料とする物の原産地の名称（ボルドー，コニャック等）は普通名称でも不可

・不正の目的でない自己の氏名の使用等（同２号）

・周知となる前からの使用（同３号）

ここがポイント!

商標の先使用権と異なり，以前から単に使用しているだけでよく，周知になっている必要はありません。

⑶　著名表示冒用行為（不２条１項２号）

自己の商品等表示として他人の著名な商品等表示と同一・類似のものを使用し，または使用した商品を譲渡等する行為をいう。

⇒イメージや名声にただ乗りする行為（フリーライド）や出所表示機能などを希釈化する行為（ダイリューション），汚染化する行為（ポリューション）など

①自己の商品等表示として使用すること

⇒著名表示なので，単に説明などで使用しただけでは該当しない

②著名性

⇒１号と異なり，全国的に知られていることが必要

⇒混同のおそれは不要

③適用除外

⇒１号と同様

(4) ドメイン名の不正取得等行為（不２条１項19号）

図利加害目的で，他人の特定商品等表示と同一・類似のドメイン名を使用する権利を取得・保有・使用する行為をいう。

①特定商品等表示：人の業務に係る氏名，商号，商標，標章その他の商品または役務を表示するもの

⇒営業でなく役務

②図利加害目的：不正の利益を得る目的・他人に損害を加える目的

⇒自分ではドメイン名を使用せず高額で買い取らせたり，類似アドレスでアダルトサイトを開設し表示を汚染させたりする目的

⇒図利加害目的があれば，他人の表示に周知性・著名性は必要ない

ここがポイント!

ドメイン名の使用だけでなく，使用せずに取得・保有するだけで該当します。また，適用除外はありません。

演習問題にチャレンジ!

1回目	月　日	2回目	月　日	3回目	月　日

本テーマの出題例

③学33-5　③学32-11
②学34-1

選択肢を○×で答えてみよう!

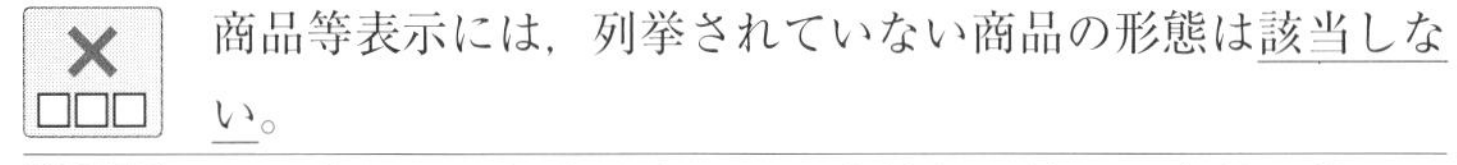

× □□□　商品等表示には，列挙されていない商品の形態は該当しない。

○ □□□　ある商品の周知表示を，その商品と関係ない商品に使用しても，混同を生じさせている行為は不正競争行為となる。

○ □□□　横浜で周知となっている営業表示を，九州で同じ営業に使用していたとしても，それだけでは不正競争行為とはならない。

× □□□　他人に周知の営業表示を，その周知になる前から使用していたとしても，その時点で自らも周知になっていなければ，混同を生じるおそれがあるときは当該他人から不正競争として差止請求を受ける。

○ □□□　自己の表示として他人の著名表示を使用することは，たとえ混同が生じなくても不正競争行為とされる。

× □□□　不正の利益を得る目的で他人の商標と類似するドメイン名を使用した場合は不正競争行為となるが，使用せず取得しただけでは不正競争行為とはならない。

3 商品の形態に関する不正競争

重要部分をマスター!

・商品形態模倣行為（不2条1項3号）

他人の商品の模倣品を譲渡等する行為をいう。

①商品の形態：需要者が通常の用法に従った使用に際し，知覚によって認識することができる商品の外部・内部の形状ならびにその形状に結合した模様・色彩・光沢・質感（不2条4項）

⇒「冷蔵庫の内部」のように，通常の用法に従った使用に際して認識できる形態は該当するが，「パソコンの内部」など通常の使用では認識できない部分は該当しない

⇒当該商品の機能を確保するために不可欠な形態は除外（不2条1項3号かっこ書）

②該当行為

模倣した商品の譲渡・貸渡し・そのための展示・輸出・輸入を指す。

⇒「模倣」：他人の商品の形態に依拠して，これと実質的に同一の形態の商品を作り出すこと

ここがポイント!

> 模倣した商品を作り出しただけでは該当せず，その商品を譲渡等して初めて該当するので注意してください。

③日本国内において最初に販売された日から起算して，3年を経過した商品は保護されない（不19条1項5号イ）。

⇒国内販売日から3年以内なら，審査なしに保護されるため，意匠権取得前に効果的

④形態模倣商品であると譲受時に知らず，知らないことに重過失がない者が商品を譲渡等する場合は，取引の安全の保護の観点から除外される（不19条1項5号ロ）。

演習問題にチャレンジ!

1回目	月　　日	2回目	月　　日	3回目	月　　日

▶本テーマの出題例

③学34-30　③学33-5　③学32-11
②実34-19　②実32-33

選択肢を○×で答えてみよう！

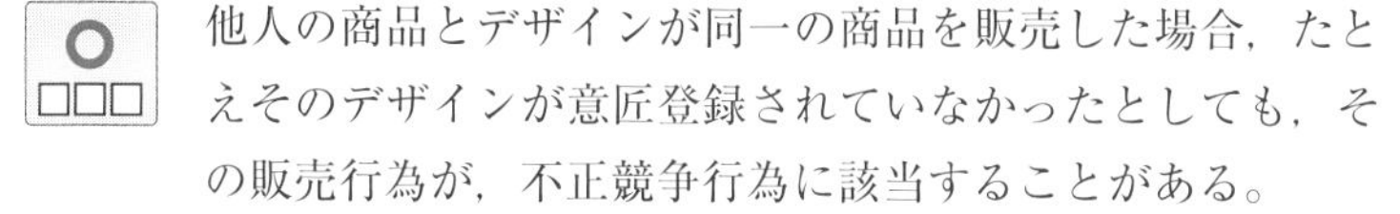
○ □□□
他人の商品とデザインが同一の商品を販売した場合，たとえそのデザインが意匠登録されていなかったとしても，その販売行為が，不正競争行為に該当することがある。

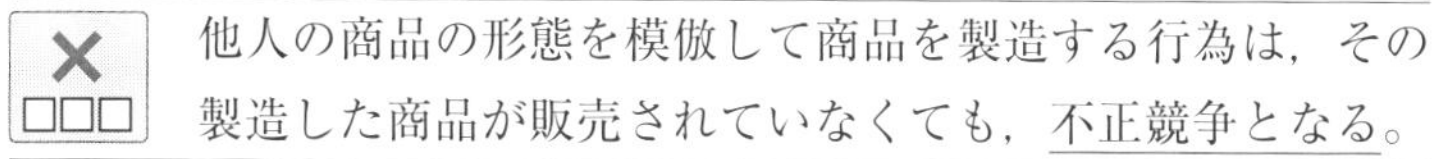
× □□□
他人の商品の形態を模倣して商品を製造する行為は，その製造した商品が販売されていなくても，不正競争となる。

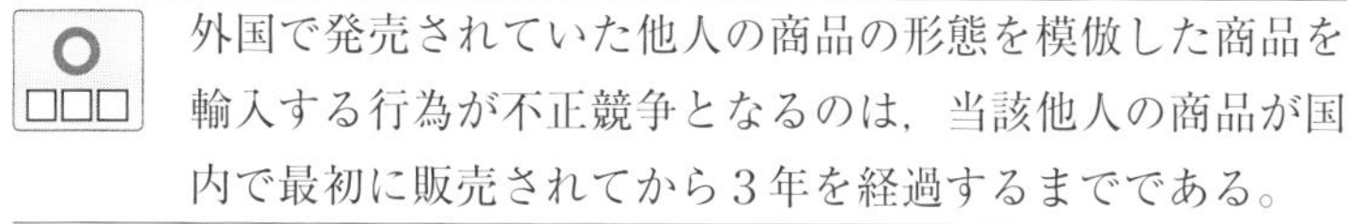
○ □□□
外国で発売されていた他人の商品の形態を模倣した商品を輸入する行為が不正競争となるのは，当該他人の商品が国内で最初に販売されてから３年を経過するまでである。

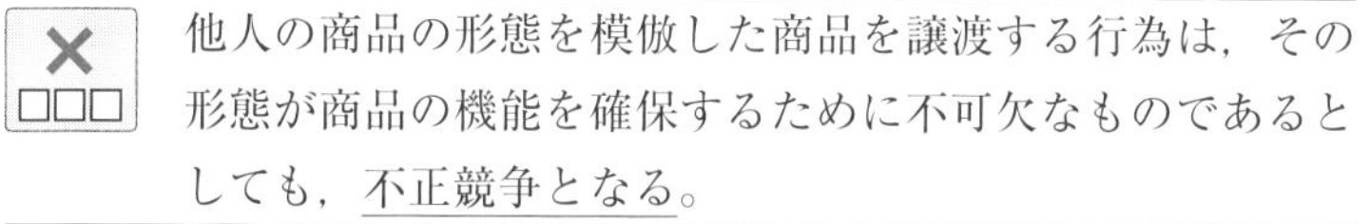
× □□□
他人の商品の形態を模倣した商品を譲渡する行為は，その形態が商品の機能を確保するために不可欠なものであるとしても，不正競争となる。

○ □□□
他社が製造した商品のデッドコピー商品を購入して転売する場合において，購入時にデッドコピー品であることを知らなかった場合は，そのことに重過失がない限り，不正競争行為として転売を差し止めることはできない。

4 営業秘密・限定提供データに関する不正競争

重要部分をマスター！

(1) 営業秘密に関する不正行為（不2条1項4～9号）

①営業秘密の要件：秘密管理性・有用性・非公知性（不2条6項）

⇒秘密管理性は，意思だけでなく客観性が必要

⇒有用性は，事業活動に有用な技術上・営業上の情報であればよく，失敗した実験データでも構わないが，脱税等の反社会的行為の情報などは該当しない

⇒非公知性は，知られた者以外でも守秘義務が課されていれば要件が満たされる

②該当行為

・不正の手段による営業秘密の取得，取得した営業秘密の使用・開示（不2条1項4号）

⇒「不正の手段」：窃取や詐欺，強迫など

・不正取得行為の介在を知って（または重過失により知らないで）取得，取得した営業秘密の使用・開示（同5号）

・取得後に不正取得行為の介在を知って（または重過失により知らないで）使用・開示（同6号）

・営業秘密の保有者から示された場合に（正当に取得），取得した営業秘密の図利加害目的での使用・開示（同7号）

・不正開示行為（またはその介在）を知って（または重過失により知らないで）取得，取得した営業秘密の使用・開示（同8号）

・取得後に不正開示行為の存在・介在を知って（または重過失により知らないで）使用・開示（同9号）

③取引によって営業秘密を取得した者がその取引によって取得した権原の範囲内で使用・開示する行為は不正競争とならない（不19条1項6号）。

④消滅時効

営業秘密を使用する行為については，その事実・行為者を知った時から3年，行為開始時より20年で差止請求や損害賠償請求ができなくなる（不15条1項，4条）。

⑵ 企業情報使用物品の譲渡等（不2条1項10号）

営業秘密に関する不正行為により，不正取得された技術上の情報を使用して生産された物を譲渡・輸出入する行為をいう。

⇒営業秘密の不正取得行為等について知らなかったとしても，その営業秘密を用いて生産された商品の流通を止めることができる

⇒技術上の情報に限られ，営業上の情報は該当しない

⇒消滅時効にかかって以降の行為については適用除外とされ，不正競争とはならない（不19条1項7号）

⑶ 限定提供データに関する不正行為（不2条1項11～16号）

「自動走行用地図データ」,「POSシステムで収集した商品ごとの売上げデータ」などのように，価値のあるデータであっても，創作性がなく特許法・著作権法の対象とはならない。

一方で，他者との共有を前提とするので「営業秘密」にも該当せず, その不正流通を差し止めることが困難なことから, 限定提供データとして，悪質性の高い不正取得行為等から保護するために，平成30年改正でこの条項が新設された。

①限定提供データの要件：技術的管理性・限定的な外部提供性・有用性（不2条7項）

⇒他者との共有を前提に，一定の条件下で利用可能な情報が該当

⇒技術的管理性はIDやパスワードを施すといった程度でよく，秘密管理されているものは営業秘密に該当するので除外される

②該当行為

・不正の手段による限定提供データの取得，取得したデータの使用・開示（不2条1項11号）

・不正取得行為の介在を知って取得，取得したデータの使用・開示（同12号）
・取得後に不正取得行為の介在を知って開示（同13号）
・限定提供データの保有者から示された場合に（正当に取得），取得したデータの図利加害目的での使用・開示（同14号）
・不正開示行為（またはその介在）を知って取得，取得した営業秘密の使用・開示（同15号）
・取得後に不正開示行為の存在・介在を知って開示（同16号）

ここがポイント！

悪質性の高い行為のみが対象であるため，営業秘密の場合と異なり，重過失により知らないで行った場合は除かれます。また，取得後に知った場合，開示のみで使用は除かれています。

③取引によって限定提供データを取得した者がその取引によって取得した権原の範囲内で開示する行為は不正競争とならない（不19条1項8号イ）。また，オープンなデータと同一のものの使用・開示は除かれる（同号ロ）。

④消滅時効

限定提供データを使用する行為については，その事実・行為者を知った時から3年，行為開始時より20年で差止請求や損害賠償請求ができなくなる（不15条2項，4条）。

⑤限定提供データについては，データの不正使用により生じた成果物（物品，AI学習済みプログラム，データベース等）の提供行為（営業秘密についての不2条1項10号のような行為）は，対象とされていない。

演習問題にチャレンジ!

1回目	月　日	2回目	月　日	3回目	月　日

▶ 本テーマの出題例

②学34-1　②実33-24　②実33-28　②学32-22

選択肢を○×で答えてみよう!

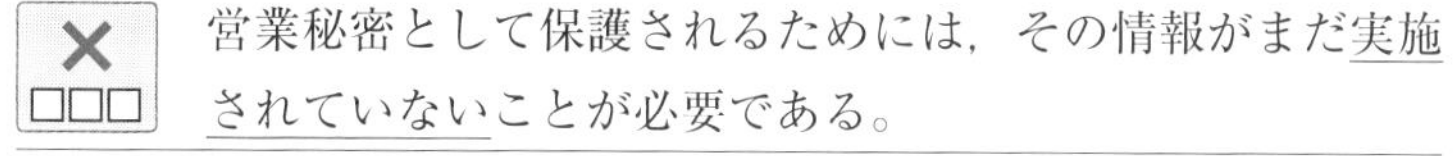

× □□□ 営業秘密として保護されるためには，その情報がまだ実施されていないことが必要である。

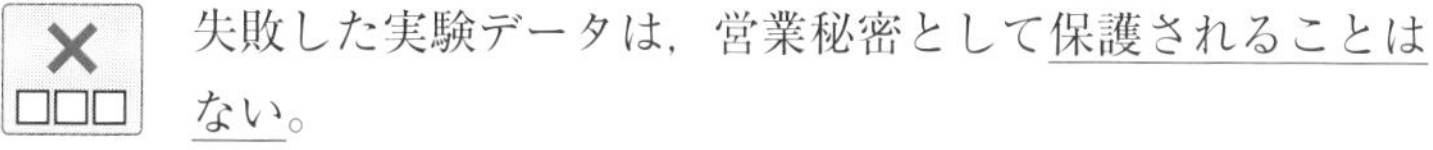

× □□□ 失敗した実験データは，営業秘密として保護されることはない。

× □□□ 営業秘密として保護されるためには，その情報が技術上の情報でなければならない。

○ □□□ 営業秘密を不正に取得した者だけでなく，正当に取引によって取得した者であっても，その取引によって取得した権原の範囲を超えて使用すれば，不正競争となる。

× □□□ たとえ価値あるデータであっても，秘密管理されていなければ不正競争防止法で保護されることはない。

○ □□□ 不正競争防止法における限定提供データに該当するための要件として，創作性は必要ない。

5 その他の不正競争

重要部分をマスター!

⑴ 技術的制限手段の効果を妨げる装置の譲渡等(不2条1項17・18号)

⇒「不正B－CASカードの提供」など

⑵ 品質等誤認惹起行為（不2条1項20号）

商品・役務やその他広告等において，その原産地や品質・内容等について誤認させるような表示をする行為をいう。

①比較広告はよく用いられる広告手法であり，それ自体が本号に該当するわけではないが，比較の根拠であるデータに誤りがあったり，グラフ等において実際の数値以上に縮尺を変えていたりすれば，本号に該当する。

②打消表示は，程度にもよるが，地名を意味する文字がデザイン的に施されていたとしても，別途明確に原産地表示の記載があったり，原産地を意味するものでないといった打消表示が施されているときは，本号に該当しない。

⑶ 営業誹謗（信用毀損）行為（不2条1項21号）

自己と何らかの競争関係にある他人の営業上の信用を害するような虚偽の事実を告知・流布する行為をいう。

⇒客観的事実に合致していれば，行為者が虚構したつもりでも虚偽には該当しない

⇒「告知」は特定人，「流布」は不特定人・多数人に知らせる行為である

ここがポイント!

侵害の警告は侵害訴訟で敗北すると虚偽の事実の告知に該当しうる可能性があるので注意が必要です。比較広告は，虚偽の事実がなければ該当しません。

演習問題にチャレンジ!

1回目	月　日	2回目	月　日	3回目	月　日

▶ 本テーマの出題例

③学34-30　③学33-5

②学34-1　②学34-33　②実34-19　②実32-21

選択肢を○×で答えてみよう！

× □□□　比較広告をすること自体が，不正競争行為に該当する。

商品について，その品質を誤認させるような表示をする行為は，不正競争行為に該当するが，その原産地を誤認させるような表示をする行為は，不正競争行為には該当しない。

特許権の侵害である旨の警告書を競争相手の取引先に対して送付する行為は，競争相手の営業上の信用を害する行為であっても，侵害が認定されれば不正競争行為に該当しない。

著作権侵害であると流布することは不正競争行為に該当するが，相手方に告知することは不正競争行為に該当することはない。

第**6**章

その他の法律

この章では，知的財産に関連する法律として，各試験で確実に1問は出題される法律をピックアップしています。ただし，出題は多くてもそれぞれ2問までなので，あまりやり込み過ぎても学習効率はよくありません。本書に記載された内容をまずはしっかりと押さえておいてください。

1 種苗法①

重要部分をマスター!

(1) 種苗法の目的

種苗法は，新たな植物の品種を保護する法律であり，一定の要件を満たした種苗の育成者の成果に対して，特許権のような一定期間の排他的権利を与えることにより，品種の育成の振興を図り，農林水産業の発展に寄与することを目的とする。

ここがポイント!

> 植物の新品種については特許法と種苗法の両方による保護が受けられます。しかし，従来種の交配という公知技術によってもたらされる新品種が多いため進歩性の要件を満たさないので，遺伝子組み換え技術や遺伝子の機能解析といった技術は特許法で，品種は種苗法で保護がすみ分けられています。

(2) 出願手続

品種登録を受けようとする場合には，農林水産大臣に出願書類を提出する（種５条１項）。願書には，所定の事項を記載した説明書と出願品種の植物体の写真を添付する（同２項）。

審査は，農林水産省食料産業局知的財産課に所属する審査官が担当し，出願が受理されると，遅滞なくその出願が公表される（種13条１項）。種苗法には，特許法のような品種登録の拒絶処分に対する不服申立ての手続は規定されていない。

演習問題にチャレンジ!

1回目	月 日	2回目	月 日	3回目	月 日

本テーマの出題例

③学34-4 ③実33-23 ③学32-15 ③実32-17
②学34-8 ②学33-37 ②実33-26 ②実32-16

選択肢を◯×で答えてみよう！

解答	問題
○ □□□	特許制度と品種登録制度とは，発明者及び植物の新品種の育成者に対して一定期間の排他的権利を与えることによりインセンティブを与える制度である点が共通する。
○ □□□	植物の新品種は，我が国では，特許法と種苗法で保護が受けられる。
× □□□	品種登録出願は，願書を特許庁長官に提出して行う。
○ □□□	品種登録出願は，出願後に遅滞なく出願公表される。

1 種苗法②

重要部分をマスター！

(3) 種苗法の保護要件

① 品種保護の対象

農産物・林産物・水産物の生産のために栽培される種子植物，シダ類，蘚苔類，多細胞の藻類，政令で指定されたキノコなど。

② 品種登録の主体要件

原則として，品種の育成者またはその承継人（相続人・譲受人）が品種登録を行える。

「品種の育成」とは，人為的変異・自然的変異（突然変異）に係る特性を固定・検定することである。

③ 品種登録の客体要件

a．区別性（種３条１項１号）：出願時に日本国内・外国で公知の他の品種と，特性の全部・一部によって明確に区別することができること

b．均一性（同２号）：同一の繁殖の段階に属する植物体のすべてが特性の全部において十分に類似するものができること

c．安定性（同３号）：何世代増殖を繰り返しても同じものができること

d．品種名称の適切性（種４条１項）

e．未譲渡性（同２項）：出願日から１年（外国では４年）遡った日より前に，出願品種の種苗や収穫物を業として譲渡していないこと

ここがポイント！

> その譲渡が試験・研究のための譲渡である場合（市場調査の試験は含まない）や，育成者の意に反してされた譲渡である場合には品種保護の対象には該当しません（種４条２項但書）。

演習問題にチャレンジ!

1回目	月　日	2回目	月　日	3回目	月　日

▶ 本テーマの出題例

③学34-4　③学33-14　③実33-23　③学32-15　③実32-17
②学34-8　②実34-25　②学33-37　②学32-35

選択肢を○×で答えてみよう!

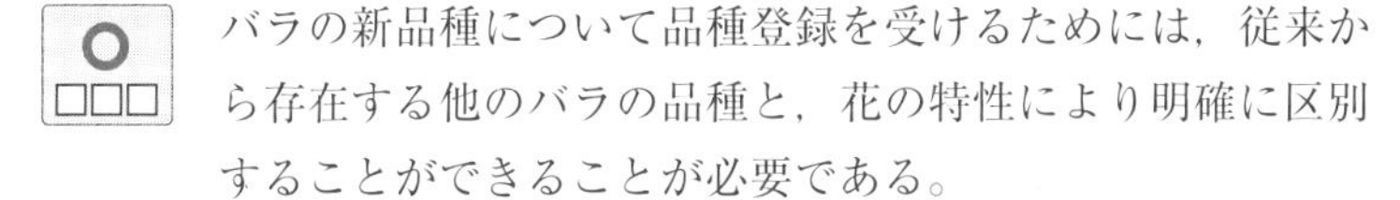
○ □□□
バラの新品種について品種登録を受けるためには，従来から存在する他のバラの品種と，花の特性により明確に区別することができることが必要である。

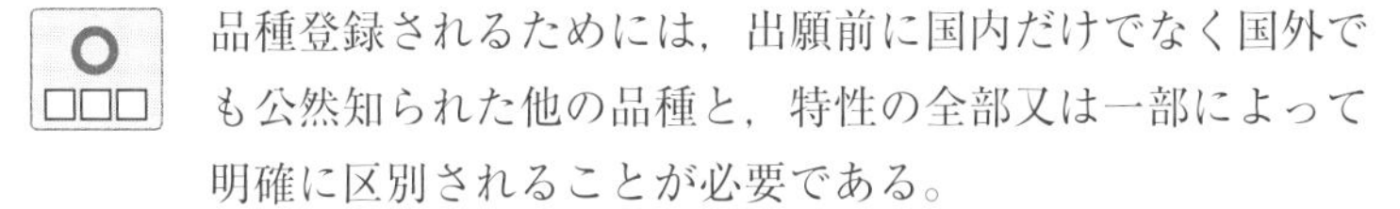
○ □□□
品種登録されるためには，出願前に国内だけでなく国外でも公然知られた他の品種と，特性の全部又は一部によって明確に区別されることが必要である。

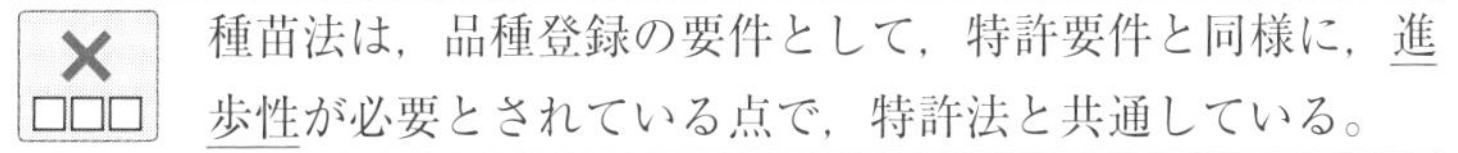
× □□□
種苗法は，品種登録の要件として，特許要件と同様に，進歩性が必要とされている点で，特許法と共通している。

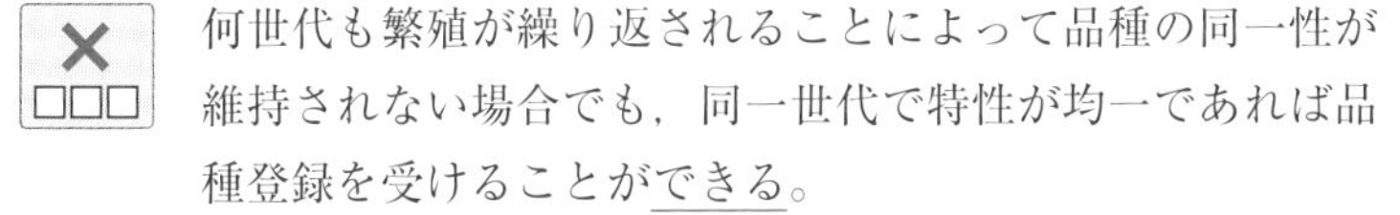
× □□□
何世代も繁殖が繰り返されることによって品種の同一性が維持されない場合でも，同一世代で特性が均一であれば品種登録を受けることができる。

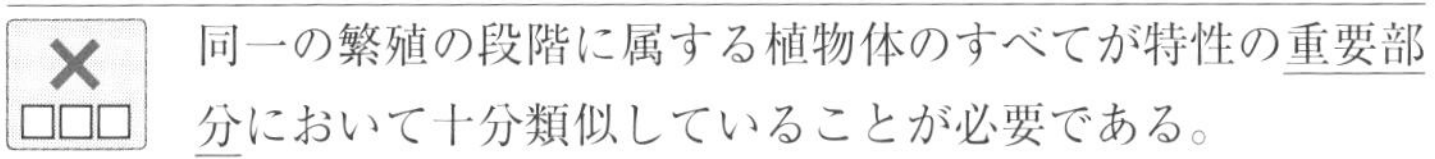
× □□□
同一の繁殖の段階に属する植物体のすべてが特性の重要部分において十分類似していることが必要である。

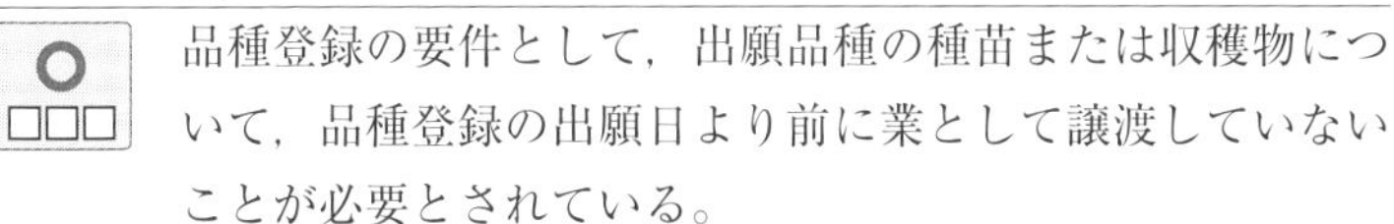
○ □□□
品種登録の要件として，出願品種の種苗または収穫物について，品種登録の出願日より前に業として譲渡していないことが必要とされている。

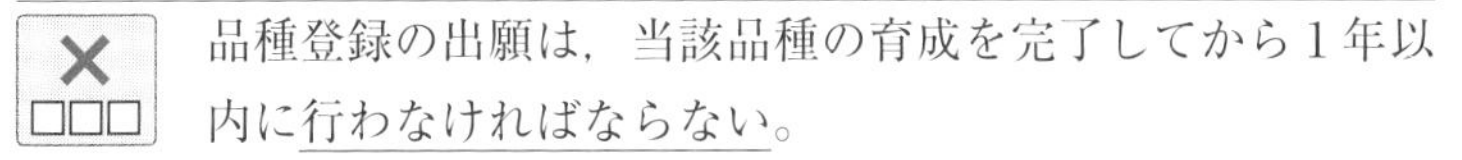
× □□□
品種登録の出願は，当該品種の育成を完了してから1年以内に行わなければならない。

1 種苗法③

重要部分をマスター！

(4) 育成者権の効力

① 利用権

品種登録により育成者に育成者権が発生し（種19条1項），育成者権者は，登録品種および当該登録品種と特性により明確に区別されない品種を業として利用する権利を専有する（種20条1項）。

ここでいう「利用」とは，品種の種苗を生産・譲渡等したり，品種の種苗を用いることにより得られる収穫物を生産等したり，さらに収穫物から直接生産された加工品（稲についての米飯）を生産等したりする行為をいう。

なお，育成者権は，以下の行為には及ばない（種21条）。

・新品種の育成その他の試験・研究目的の品種の利用
・登録品種の育成方法の特許権を有する者による利用
・育成者権者から種苗を購入した農家による自家増殖等
・適法に譲渡された種苗・収穫物・加工品の利用（消尽）の場合

② 存続期間

原則として，品種の登録日から25年（種19条2項）である。

ただし，果樹等の永年性植物については，生産に時期を要するため，登録日から30年（同項かっこ書）である。

(5) 侵害

育成者権の侵害に対しては，差止請求や損害賠償請求などの民事上の措置をとることができ，刑事罰の対象ともなる。

演習問題にチャレンジ!

1回目	月　日	2回目	月　日	3回目	月　日

本テーマの出題例

③学 34-4

②学 34-8　②実 34-25

選択肢を○×で答えてみよう！

○ □□□ 試験目的の利用であれば，育成者権者の許諾がなくても登録品種を利用できる。

× □□□ 登録品種の育成方法についての特許権を有する者であっても，当該特許に係る方法により登録品種の種苗を生産することはできない。

○ □□□ 農業を営む者の自家増殖には，育成者権の効力が原則として及ばない。

× □□□ 品種登録されている種苗を小売店から購入した後に，その種苗を用いて増殖する行為は当該品種の育成者権の侵害となる。

× □□□ 品種登録制度における育成者権の存続期間は，特許権の存続期間と同様に，出願日から20年で満了する。

2 独占禁止法①

重要部分をマスター!

(1) 独占禁止法と知的財産法との関係

独占禁止法（私的独占の禁止及び公正取引の確保に関する法律，以下「独禁法」とも呼称）とは，いわば企業などが健全な競争をするように定められたルールであり，事業者が不正とされる一定の行為を行うことを禁止している。

競争することによって初めて，より良い安い商品が生まれるので，良い商品を作る努力を怠ることのないように，公正かつ自由な競争を確保するため，①私的独占，②不当な取引制限，③不公正な取引方法を規制することにより，国民経済の健全な発達を促進することを目的とする（独1条）。

特に，知的財産に関する契約時には，独禁法による規制に留意が必要となる。独禁法は，著作権法・特許法・実用新案法・意匠法・商標法による権利の行使と認められる行為にはこれを適用しないと定めるものの（独21条），知的財産権によって独占が認められても，法の趣旨を逸脱したような行為をすれば，独禁法に抵触する場合がある。

(2) 独禁法の運用

独占禁止法は，公正取引委員会（公取）が専門に運用しており，独禁法違反の疑いがあるという情報があれば，事実を明らかにするため立ち入り調査を行ったりする。

また，誰でも，独禁法違反と思われる事実があるときは，公取に報告し，措置を求めることができる。公取は審査して，その結果として違反行為を排除する等の措置命令ができる。

違反行為に対しては，当該行為により被害を受けた者は，差止請求や損害賠償請求をすることができ，また刑事罰が科されることもある。後述のカルテルに関しては，課徴金が課される。

演習問題にチャレンジ!

1回目	月 日	2回目	月 日	3回目	月 日

▶ 本テーマの出題例

③学 34-5

②学 33-19 ②学 32-25

選択肢を○×で答えてみよう！

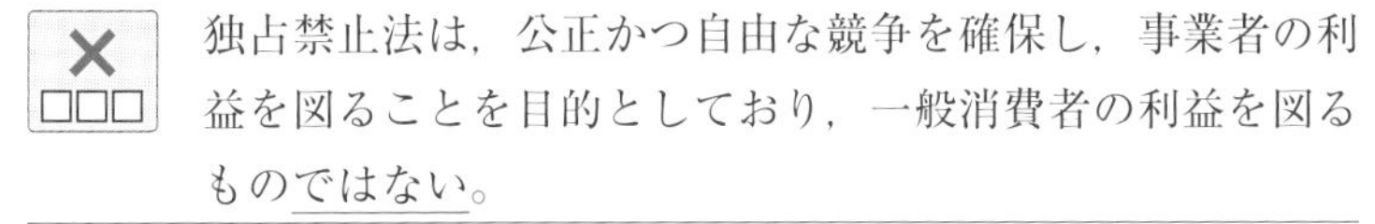

× □□□ 独占禁止法は，公正かつ自由な競争を確保し，事業者の利益を図ることを目的としており，一般消費者の利益を図るものではない。

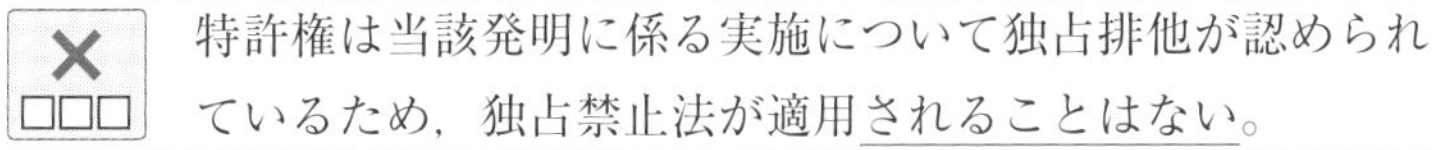

× □□□ 特許権は当該発明に係る実施について独占排他が認められているため，独占禁止法が適用されることはない。

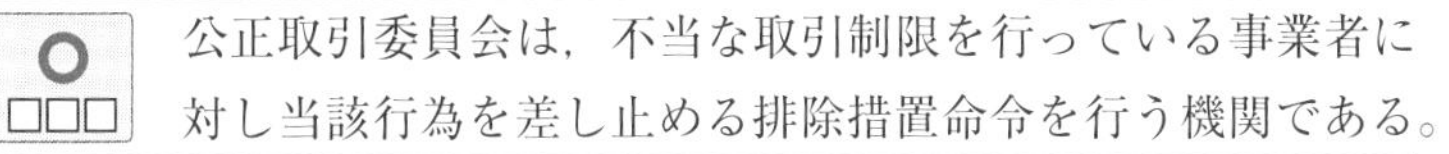

○ □□□ 公正取引委員会は，不当な取引制限を行っている事業者に対し当該行為を差し止める排除措置命令を行う機関である。

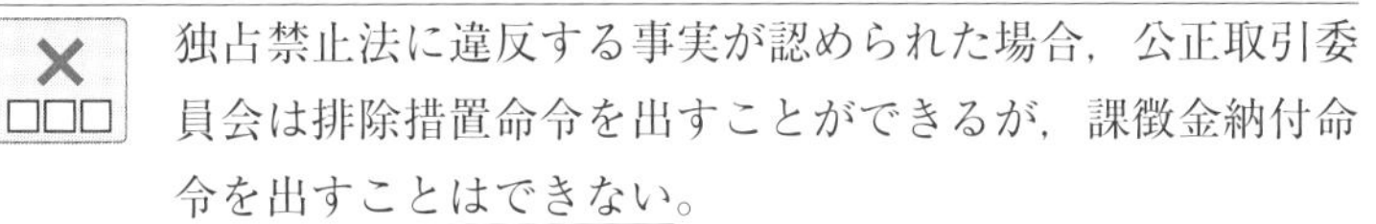

× □□□ 独占禁止法に違反する事実が認められた場合，公正取引委員会は排除措置命令を出すことができるが，課徴金納付命令を出すことはできない。

2 独占禁止法②

重要部分をマスター!

(3) 独禁法によって不正とされる行為

① 私的独占

単独・少数の企業が市場を支配している独占・寡占状態は，人為的に，正当な競争以外の方法で，他の事業者の活動を排除して競争が停滞しやすくなるため，これを作り出したり，維持したりすることを原則禁止している（独３条前段，２条５項）。

なお，正当な競争の結果，市場を支配することは除外される。

知的財産の分野においては，同業他社との共同開発契約において，競合する会社を排除するための合意を行うことが該当する。また，パテントプールは，複数の特許権者が各権利を１つの組織に集中させライセンスなどを一括する取決めをすることで，ライセンスの内容よっては該当するおそれがある。

② 不当な取引制限

カルテルや談合とも呼ばれ，通常，２以上の事業者が市場支配を目的として，価格や販売数量などを制限する協定や合意をいう。価格を不当に吊り上げて経済を停滞させる要因となるため，禁止されている（独３条後段，２条６項）。

知的財産の分野においては，同業他社との共同開発契約において，成果物やその類似品の販売価格について合意する価格カルテルが該当する可能性がある。

演習問題にチャレンジ!

1回目	月 日	2回目	月 日	3回目	月 日

▶本テーマの出題例

③学34-5 ③学32-16

②学34-25 ②学33-19 ②学32-25

選択肢を○×で答えてみよう!

○ □□□ 独占禁止法は，私的独占や不当な取引制限を禁止している。

○ □□□ パテントプールは，独占禁止法に違反するおそれがある。

× □□□ カルテルは，独占禁止法に違反しない場合がある。

2 独占禁止法③

重要部分をマスター!

③ 不公正な取引方法

公正な競争を阻害するもののうち，公正取引委員会が指定するものをいい（独19条，2条9項），いずれの業界に対しても適用される一般指定と，特定業界のみに適用される特殊指定とがある。

現在16ある一般指定のうち，重要なものは以下の通り。

- 健全な競争が阻害されるおそれがある行為（不当廉売など）
- 競争手段が不公正である行為（欺瞞的顧客誘引，抱き合わせ販売など）
- 自由な競争の基盤を侵害するおそれがある行為（優越的地位の濫用，再販売価格維持など）

知的財産の分野においては，権利者がライセンスを受けた者に，権利消滅後も引き続き実施料の支払義務を課したり，販売価格を制限したり，開発した技術に必ず専用実施権を設定することを課したりする条項を設けることなどが該当する。

一方で，共同開発の成果について第三者へライセンスを与えることを制限することは，原則として該当しない。

演習問題にチャレンジ!

1回目	月　日	2回目	月　日	3回目	月　日

本テーマの出題例

③学34-5　③学33-28　③学32-16
②学34-25　②学33-19　②学32-25

選択肢を○×で答えてみよう！

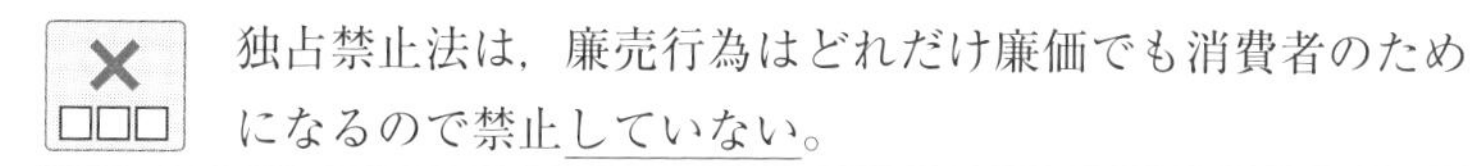

× □□□　独占禁止法は，廉売行為はどれだけ廉価でも消費者のためになるので禁止していない。

○ □□□　特許のライセンス契約において，その特許権の存続期間が満了して権利が消滅した後も，その特許に係る技術の実施を禁止する条項を設けることは，独占禁止法に抵触する可能性が高い。

× □□□　ライセンスを受けた者が開発した技術を，特許権者に対して専用実施権を設定することを義務づける行為は，独占禁止法上において問題となる可能性が低い。

3 関税法

重要部分をマスター！

(1) 水際措置

自社の産業財産権を侵害する物品が輸入されようとしている場合には，製品が通過する税関において差し止めることができ，これを水際措置という。

知的財産権を侵害する物品は，輸入・輸出することができない（関税69条の2第1項3号・4号等）。

産業財産権だけでなく，著作権，著作隣接権，育成者権の各権利，不競法上の一部行為を組成する物品も禁止されている。輸入禁止貨物には半導体集積回路の回路配置権も含まれる。

(2) 認定手続

特許権者等の権利者は，輸入差止申立書に所定事項を記載し，所定の資料等を添付して，税関長に提出して，侵害物品の該当の可否の認定手続を行うべきことを申し立てる。

税関長の方から，侵害疑義物品があるときは，権利者や輸出・輸入者に対して，認定手続を開始する旨や証拠の提出，意見を述べることができる旨の通知をすることもある。

ただし，真正品の並行輸入を差し止めることはできない。これを不当に阻害したときは，独禁法違反となる場合がある。

税関長は，侵害物品に該当すると認定したときは，その物品を没収して廃棄することができる。また，輸入しようとする者に対しては，貨物の積戻しを命じることもできる。

ここがポイント！

侵害物品であるとの通知を受けた輸入者は，通知日から3ヶ月以内に，税関長に対して再調査の請求をできるほか，輸入することについて同意書を取得したり，貨物の侵害部分の切除等の修正を行ったりすることによって，輸入することができます。

演習問題にチャレンジ!

1回目	月　日	2回目	月　日	3回目	月　日

▶ 本テーマの出題例

②学34-14　②実34-29　②学33-6　②実33-32　②学32-38

―― 選択肢を○×で答えてみよう! ――

× □□□　特許権を侵害する貨物を輸入通関時において，効果的に取り締まってもらうためには，関税法に基づいて，経済産業大臣に申し立てる。

○ □□□　認定手続の開始の通知は，貨物を輸出又は輸入しようとする者に対してされる。

× □□□　特許権を侵害する物品は輸入してはならない貨物であるが，著作権を侵害する物品は輸入してはならない貨物に該当しない。

○ □□□　特許権を侵害する貨物に該当すると税関長が認定したときは，当該貨物を没収して廃棄することができる。

× □□□　税関長は，特許権を侵害する物品について，その輸出しようとする者に対し，その積戻しを命じることができる。

4 民法①

重要部分をマスター！

(1) 契約の成立

譲渡やライセンス等の契約の原則については，民法に規定がある。原則である一般法に対して，特許法などの知的財産法は特別法という関係になり，原則に対する例外が規定されている。

契約の成立の大原則は，当事者間の意思表示（契約の申込と承諾）の合致（合意）があることである。合意のみで成立する契約は，諾成契約といい，売買（譲渡）や請負などほとんどの契約は特別な方式を必要としない不要式契約である。

契約で書面を作成するのは，契約があったことを証拠として残すためであり，契約自体は合意のみで成立している。

なお，金銭消費貸借契約のように合意に加えて金銭の授受という目的物の引渡しを要する契約を要物契約という。

契約の成立により，相手方に請求する権利（債権）を有する債権者と相手方に対する義務（債務）を有する債務者とが発生する。

(2) 契約の有効要件

合意が成立しても，その契約が有効か否かは別問題であり，一定の要件を満たさなければ，その契約は効力を生じなかったり（無効），相手から取り消されたりする（無効は，初めから効力が生じないので，いつでも無効と主張できるが，取消しは取り消されるまでは有効状態）。契約の有効要件としては，諸説があるが，確定可能性（内容を確定できること），実現可能性，適法性（公序良俗違反や合意によって排除できない強行規定に違反しないこと）が必要とされる。

また，契約の当事者に権利能力（権利の主体となれる能力，自然人・法人は有するが胎児や死者は有しない）や行為能力（１人で有効に契約を締結する能力，未成年などの制限行為能力者は親権者などの同意や代理が必要）が必要である。

演習問題にチャレンジ!

1回目	月 日	2回目	月 日	3回目	月 日

本テーマの出題例

③学 32-30 ③実 32-21
②学 34-34 ②学 33-17 ②学 32-37

選択肢を○×で答えてみよう！

× □□□ 口頭による契約は契約書がなければ無効となる。

× □□□ 研究開発委託契約を締結する場合，記名をするだけでは契約は成立しないので署名をしなければならない。

× □□□ 特許権の譲渡契約を締結した場合においては，当該特許権の移転が登録された時点で契約が成立したものとみなされる。

○ □□□ 善良の風俗に反する契約は，たとえ当事者間で合意があっても有効とはならない。

× □□□ 未成年者であっても，自己が創作した著作物について著作権が発生するため，単独で有効な利用許諾契約を締結することができる。

4 民法②

重要部分をマスター!

(3) 意思と表示が合致しない場合

① 「心裡留保」

意思表示をした表意者が表示行為に対する真意のないことを知りながらする意思表示。

⇒相手方が真意のないことを知っている場合には，無効となる（民93条但書）

② 「(通謀) 虚偽表示」

相手方と通じてなした虚偽の意思表示。

⇒意思と表示の不一致について，当事者に通謀による認識があるので，原則，当事者間では無効とされる（民94条1項）

③ 「錯誤」

表意者自身が，その意思と実際の表示の不一致に気付かないままなした意思表示。

⇒一定要件の下，意思表示をした表意者が取消しできる（民95条）

④ 「詐欺・強迫」

相手に騙されたり，脅されたりしてなした意思表示。

⇒正常な意思表示が働いておらず，原則として，意思表示をした表意者が取消しできる（民96条）

演習問題にチャレンジ!

1回目	月　日	2回目	月　日	3回目	月　日

本テーマの出題例

③学 32-30

②学 34-34　②学 32-29　②学 32-37

6 その他の法律

選択肢を◯×で答えてみよう！

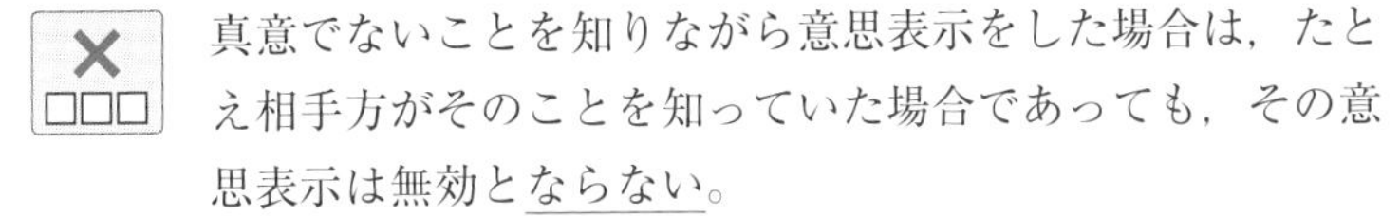

× □□□ 真意でないことを知りながら意思表示をした場合は，たとえ相手方がそのことを知っていた場合であっても，その意思表示は無効とならない。

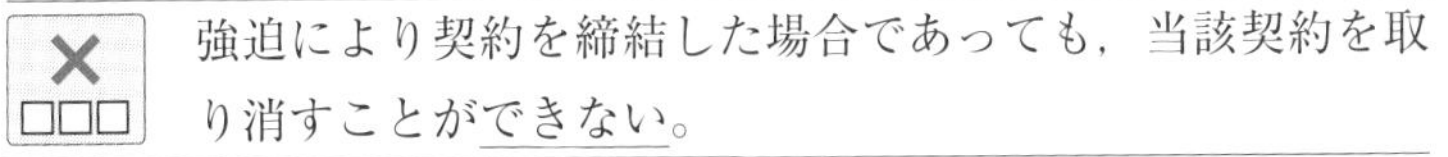

× □□□ 強迫により契約を締結した場合であっても，当該契約を取り消すことができない。

× □□□ 相手方の債務不履行によって譲渡契約を解除した場合は，当該契約は解除時点から無効となる。

4 民法③

重要部分をマスター!

(4) 債務不履行

債務者の故意・過失により，契約内容が実現されないと債務不履行となる。

債務不履行の態様には，①履行遅滞（履行期に遅れる），②不完全履行（数量不足など履行が不完全），③履行不能（履行が不可能となる）の3種類がある。

原則として過失責任であるが，代金の未払いなど金銭債務の不履行については無過失責任とされており，履行期に遅れただけで債務不履行となる。

いずれの場合も債権者は，債務者に対して，損害賠償請求（民415条）や契約解除（民540条）をすることができる。解除されると，当該契約は締結時に遡及して無効となる。

また，裁判所に訴えて契約内容を実現する強制履行ができるが（民414条），自力救済をすることはできない。

なお，売買（譲渡）や有償ライセンスといった双務契約（当事者がお互いに債権債務関係を有するもの）においては，特約がない限り，代金の支払いと目的物の引渡し等は同時に履行する関係となるため，相手方の履行がなければ自らの履行を拒否しても債務不履行とはならない（同時履行の抗弁権）。

引き渡された目的物が種類・品質・数量に関して契約の内容に適合しないものである場合，解除や損害賠償請求をすることができるが（契約不適合責任），契約によって，免責することもできる。

演習問題にチャレンジ!

1回目	月 日	2回目	月 日	3回目	月 日

本テーマの出題例

③学32-7

②学34-34 ②実34-23 ②学33-17 ②実33-21 ②学32-21 ②実32-20

選択肢を○×で答えてみよう！

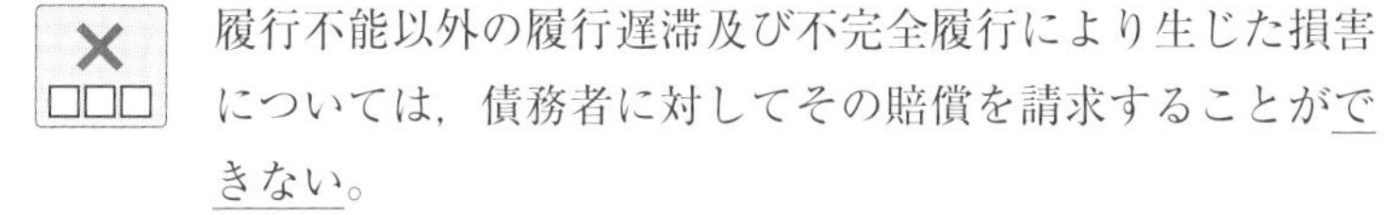

× □□□ 履行不能以外の履行遅滞及び不完全履行により生じた損害については，債務者に対してその賠償を請求することができない。

○ □□□ 契約相手が契約内容を履行していない場合であっても，国家権力を用いず，自力でその契約内容を実現させることはできない。

○ □□□ 特許権の譲渡契約において，特許権の移転登録手続の履行期日及びそれに対する対価の支払期日が同日に規定されていた場合，支払期日が到来しても対価が支払われなければ，移転登録をしない旨を主張することができる。

5 弁理士法①

重要部分をマスター！

(1) 弁理士の業務

① 行政庁への手続の代理

・特許・実用新案・意匠・商標，国際出願・国際登録出願に関する特許庁における手続の代理（弁４条１項）

・税関の水際取締りにおける認定手続の代理（弁４条２項１号）

・特許等に関する裁判外の紛争手続の代理（同２号）

これらの手続は，弁理士が単独で行うことができる。

② 訴訟手続

特許・実用新案・意匠・商標，国際出願・国際登録出願，回路配置・特定不正競争に関する事項について，裁判所において，補佐人として，当事者または訴訟代理人とともに出頭し，陳述・尋問をすることができる（弁５条１項）。

また，特許法等における審決等の取消訴訟について，裁判所において，訴訟代理人となることできる（弁６条）。

さらに，特定侵害訴訟（特許・実用新案・意匠・商標，回路配置・特定不正競争）について，特定侵害訴訟代理業務試験に合格した付記者については，弁護士と共同で訴訟代理人となることができる（弁６条の２）。⇒著作権は該当しない

ここがポイント！

特定侵害訴訟については，著作権法上の権利侵害は該当しません。

③ 契約締結の代理・媒介

弁理士は，弁理士の名称を用いて，他人の求めに応じ，特許・実用新案・意匠・商標，回路配置や著作物に関する権利，技術上の秘密・データの売買契約，ライセンスの許諾などの契約締結の代理・媒介，これらに関する相談を行うことができる（弁４条３項）。

演習問題にチャレンジ!

1回目	月　日	2回目	月　日	3回目	月　日

▶ 本テーマの出題例

③学34-3　③学32-23

②学34-36

選択肢を◯×で答えてみよう！

答	選択肢
○ □□□	弁理士は，弁護士と共同でなければ，審決等取消訴訟の代理人となることはできない。
× □□□	弁理士は，単独で，特許侵害訴訟の訴訟代理を受任することができる。
○ □□□	弁理士は，単独で，裁判外紛争解決手続の代理をすることができる。
× □□□	弁理士は，弁護士と共同でなければ，著作権の売買契約に関する交渉の代理人になることができない。
○ □□□	弁理士は，単独で特許権のライセンス契約に関する交渉の代理人になることができる。
○ □□□	弁理士は，弁護士と共同でなくとも，商標権を侵害する商品について，税関の水際取締りにおける認定手続の代理をすることができる。

5 弁理士法②

重要部分をマスター!

⑵ 弁理士の独占業務

① 独占業務

弁理士・弁理士が設立する特許業務法人でなければ行うことができない業務として，以下のものが挙げられる。

- 特許・実用新案・意匠・商標，国際出願・国際登録出願に関する特許庁における手続の代理
- 特許・実用新案・意匠・商標に関する審査請求・裁定に関する経済産業大臣に対する手続についての代理（特許料の納付手続についての代理その他の政令で定めるものを除く）
- 上記の手続に係る事項に関する鑑定
- 願書等上記の手続に係る事項に関する政令で定める書類や，パソコンでの情報処理の用に供される電磁的記録の作成

② 非独占業務

a. 特許庁に対して行うもの

- 特許料の納付手続や特許原簿への登録申請手続のような簡易な手続の代理
- これらに伴う納付期間の延長請求や軽減・免除・猶予の申請，既納の特許料の返還請求といった手続の代理

b. 特許庁に対して行う手続でないもの

- 図面の作成業務や商標調査など

⑶ 弁理士の義務

- 弁理士の信用・品位を害する信用失墜行為の禁止（弁 29 条）
- 業務上取り扱ったことについて知り得た秘密についての守秘義務（弁 30 条）
- 利益相反事件の取扱禁止など（弁 31 条）

演習問題にチャレンジ!

1回目	月　日	2回目	月　日	3回目	月　日

▶ 本テーマの出題例

③学 34-3　③学 33-23　③学 32-23
②学 33-26　②学 32-36

選択肢を○×で答えてみよう！

× □□□　弁理士が設立した特許業務法人であっても，弁理士の業務を行うことはできない。

○ □□□　弁理士でない者は，特許協力条約（PCT）に基づく国際出願に関する特許庁における手続の代理をできない。

○ □□□　弁理士でない者であっても，報酬を得て商標権の登録料の納付を業として行うことはできる。

× □□□　弁理士でない者は，実用新案登録の既納の登録料の特許庁における返還の請求手続の代理をすることはできない。

○ □□□　弁理士でない者であっても，特許原簿への登録の申請手続の代理をすることができる。

× □□□　弁理士でない者は，特許権の移転登録申請手続の代理をすることはできない。

参考文献

知的財産教育協会編『知的財産管理技能検定公式３級テキスト　改訂10版』アップロード　2019

知的財産教育協会編『知的財産管理技能検定公式２級テキスト　改訂９版』アップロード　2019

特許庁編『工業所有権法（産業財産権法）逐条解説〔第20版〕』発明推進協会　2017

特許庁総務部総務課制度審議室編
『令和元年特許法等の一部改正産業財産権法の解説』発明推進協会　2020

特許庁総務部総務課制度審議室編
『平成30年特許法等の一部改正産業財産権法の解説』発明推進協会　2019

高林龍『標準特許法〔第６版〕』有斐閣　2017

高林龍『標準著作権法〔第４版〕』有斐閣　2019

中山信弘『著作権法〔第２版〕』有斐閣　2014

茶園成樹『商標法〔第２版〕』有斐閣　2018

経済産業省知的財産政策室編「逐条解説不正競争防止法　令和元年７月１日施行版」経済産業省ホームページ　2019

■著者

アイピーシー新橋ゼミ（アイピーシーシンバシゼミ）

弁理士試験対策のゼミや，特許や著作権の勉強会を開催しているグループで，特に論文試験と口述試験で高い合格実績を有している知的財産のエキスパート集団。知的財産管理技能検定®については，大学等の各教育機関において試験対策講座などを行っている。監修書籍に『弁理士試験対策シリーズ一問一答集〔特許法・実用新案法編〕〔意匠法・商標法・条約類編〕〔著作権法・不正競争防止法編〕』，『要点整理集』（以上，マスターリンク）。

1冊合格！　知的財産管理技能検定® 2級・3級

2020年6月20日　初版第1刷発行

著　者——アイピーシー新橋ゼミ

発行者——張 士洛
発行所——日本能率協会マネジメントセンター
〒103-6009 東京都中央区日本橋2-7-1　東京日本橋タワー
TEL 03(6362)4339(編集)／03(6362)4558(販売)
FAX 03(3272)8128(編集)／03(3272)8127(販売)
http://www.jmam.co.jp/

装　丁————————冨澤 崇（EBranch）
本文DTP——————株式会社森の印刷屋
印刷所————————シナノ書籍印刷株式会社
製本所————————ナショナル製本協同組合

本書の内容に関するお問い合わせは，2ページにてご案内しております。

ISBN 978-4-8207-2791-0　C3032
落丁・乱丁はおとりかえします。
PRINTED IN JAPAN

JMAM の本

エンジニア・知財担当者のための

特許の取り方・守り方・活かし方

岩永 利彦　著

A5 判 264 頁

本書は元・大手メーカーのエンジニア・知財担当者だった現役弁護士・弁理士の著者が、エンジニアが特許のことを一から学ぶことなく、特許出願・取得・活用ができるように特許実務知識を整理してまとめました。
知財担当者にとっても、発明者がどういった戦略で特許を実践するか、その対応方法がわかるので、ビジネスを有利に進めることができる1冊です。

コンプライアンス実務ハンドブック

長瀬 佑志／斉藤 雄祐　著

A5 判 256 頁

大手企業の不祥事が相次ぐ現在、多くの企業においてコンプライアンス意識の醸成と浸透

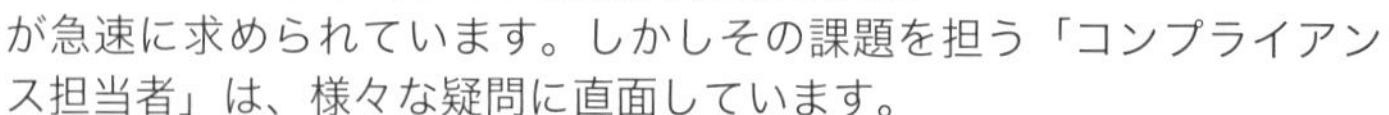

が急速に求められています。しかしその課題を担う「コンプライアンス担当者」は、様々な疑問に直面しています。
本書ではこの疑問に答えるべく、8分野（法務体制・契約交渉・債権管理・機関設計・労務管理・クレーム・製品偽装・情報漏洩）の100テーマについてケースを想定し、その対処策を解説します。

日本能率協会マネジメントセンター